# 거짓을 이기는 믿음

JMS(정명석)의 교리에 대한 반증 I

# 거짓을 이기는 믿음

JMS(정명석)의 교리에 대한 반증 I

**초판 1쇄 인쇄** 2019년 5월 2일
**초판 1쇄 발행** 2019년 5월 10일
**저자** 김경천
**편집** DesignSEN
**유통사** 하늘유통(031-947-7777)
**펴낸곳** 기독교포털뉴스
**신고번호** 제 377-25100-2011000060호(2011년 10월 6일)
**주소** 우 16489 경기도 수원시 팔달구 권광로 197, 6층 663호(인계동)
**전화** 010-4879-8651

가격 13,000원
**이메일** unique44@naver.com
**홈페이지** www.kportalnews.co.kr

이 도서의 국립중앙도서관 출판예정도서목록(CIP)은
서지정보유통지원시스템 홈페이지(http://seoji.nl.go.kr)와 국가자료종합목록시스템(http://www.nl.go.
kr/kolisnet)에서 이용하실 수 있습니다.
(CIP제어번호 : CIP2019016731)

저자 **김경천**

**기독교포털뉴스** 간

# 거짓을 이기는 믿음

## JMS(정명석)의 교리에 대한 반증 I

**기독교포털뉴스**
www.kportalnews.co.kr

# 서 문

〈거짓을 이기는 믿음〉을 출간할 수 있게 해주신 하나님께 먼저 감사와 영광을 드립니다. 필자는 모태신앙으로 태어나서, 항상 신앙을 우선시하면서 살던 사람이었습니다. 성장 중에 이단을 경험하지 못했고, 이단에 빠진 사람들을 보면 왜 이단에 빠지는지 이해하지 못했습니다. 분명히 예수님은 구름 타고 오신다고 했는데, 왜 사람들은 구름도 타고 오지 않은 인간교주들을 재림예수라 믿고 따를까 아마도 그들은 바보들이거나 성경을 전혀 모르는 사람들일 것이라고 생각했습니다.

그랬던 필자가 JMS이단에 빠질 줄 누가 알았겠습니까? 지금 돌아보니, JMS이단에 빠질 즈음에 구원의 확신이 없었습니다. 반면에 죄의식과 더불어 성경에 대해 궁금한 것이 많았습니다. 그러다가 선교단체에서 만난 대학선배의 "성경을 2000번 읽은 분이 있는데, 한번 만나보지 않을래?" 라는 말을 듣고 만나게 된 사람이 바로 정명석이었습니다.

정명석은 예수님으로부터 계시 받은 내용이라면서 "30개론"이라는 교리를 통해 성경을 가르쳐 주었는데, 그것들은 평소 필자가 궁금해 하던 문제들이었습니다. 그는 성경이 비유로 인봉된 책이라, 성경을 비유로 풀어야 성경의 근본을 알 수 있다고 했습니다. 정명석을 통해 비유로 성경을 배우니, 그동안 궁금했던 문제들이 실타래 풀리듯이 술술 풀어지는 것 같았습니다. 필자는 평소 예수님이 다시 오시면 성경을 다 풀어주실 것이라는 기대가 있었습니다. 그런데 정명석이 다 풀어주자 꿩 잡는 것이 매라고, 그를 재림예수라고 믿게 된 것입니다. 필자는 예수님께 계시 받았다는 정명석의 말에, 처음에는 약간 경계하면서 의심도 했지만, 결과적으로 너무 쉽게 마음의 문을 열었던 것입니다.

필자는 정명석으로부터 30개론 강의를, 집에도 안가고 잠도 거의 자지 않고, 듣고 또 들었습니다. 그리고 꿈이나 환상 등의 영적현상과, 눈 오라고 기도하자 눈이 오는 것을 보면서 정명석이라는 사람이 재림예수라고 점점 더 믿게 되었습니다. 지금은 그런 것들이 악령의 역사라고 분명히 깨달아지지만, 그때는 예수님의 영이 정명석을 통해 역사하는 줄로만 알았습니다. 이제는 사도요한의 "영을 다 믿지 말고 오직 영들이 하나님께 속하였나 분별하라 거짓 선지자가 세상에 많이 나왔음이라"(요일4:1)는 성경말씀이 가슴깊이 깨달아 집니다.

필자는 정명석이 성범죄로 재판 받는 과정에서 '나는 메시아가 아니다'고 부정하는 것을 보고, 예수님은 빌라도 앞에서 부정하지 않으셨는데, 좀 이상하다는 생각이 들기 시작했습니다. 게다가 정명석은 교리도 일반 정통교회 식으로 수정하기 시작했습니다. 그래서 필자는 일반교회를 한번 돌아보고 싶다는 생각이 들었고, 일반교회 여러 곳을 다니면서 정명석의 30개론이 잘못되었다는 것을 점점 깨닫기 시작했습니다. 30개론 교리가 틀린 것이라면 이게 무슨 상황인가? 내가 이단에 빠졌단 말인가?! 그렇다면 내가 그동안 도대체 무슨 짓을 한 것인가 하고 철저하게 무너져 내렸습니다. 그러나 하나님의 은혜로 복음 있는 목사님들을 만나 성경공부를 하면서 다시 태어날 수 있었습니다. 누가 필자에게 진작부터 이렇게 성경을 가르쳐 주었다면 벌써 탈출했을 것입니다.

21세부터 50세까지 나의 이단생활 30년은 내 인생의 가장 중요한 가운데 토막이지만, 이단의 괴수가 되어 다 날려버린 것 같아, 속상하기 그지없습니다. 그러나 골이 깊으면 산도 높듯이, 오히려 예수님을 만난 구원의 감격도 더 커졌습니다. 그리고 이단에서의 경험은 오늘날과 같이 이단들이 창궐하는 이때에 주 예수님의 복음을 담대히 증거하라는 명령으로 다가왔습니다.

내가 뭘 모르고 성경 공부하다가 이단에 빠졌듯이, 오늘날도 수많은 사람들이 이단들이 가르치는 성경 공부하다가 이단에 빠지는 것입니다. 이단에 빠지는 사람들은 성경을 알고 싶고, 영적으로 갈급한 상태입니다. 공짜라면 양잿물도 마신다고 했는데, 이단에 빠지는 사람들은 영적으로 배고프니까 아무것이나 주는 대로 받아먹는 어린아이들과 같습니다.

그러나 선제적으로 이단의 교리를 예방교육을 통해서 배우게 된다면 그 사람은 절대로 그 이단에 대해서는 빠지지 않습니다. 이미 이단에 빠진 사람을 빼내기는 예방교육으로 빠지지 않게 하는 것보다 100배는 더 힘들 것입니다. 그래서 아예 빠지지 않게 하는 것이 상책입니다. 이단교리를 예방교육을 통해 미리 배우면 이단에 빠지지 않지만, 이단교리를 이단교리인 줄 모르고 접하면 '호기심'과 '생소함' 때문에 이단에 빠져들 확률이 높습니다. 그래서 일반교인들에게 이단교리들을 예방차원에서 미리 분별하도록 가르쳐 주는 것이 아주 좋은 방법입니다.

이단에 빠진 사람들은 어떻게 빼내는가? 성경공부 하다가 이단에 빠졌으니, 성경공부하면서 빼내는 것입니다. 그것이 이단상담(반증교육)입니다.

필자는 JMS이단 30년에 구사일생으로 살아나온 경우입니다. 이제는 이단문제에 대해서는 경험적으로 전문가가 되어 버렸습니다. 지금은 누가 직통계시 받았다고 해도 그의 말을 크게 신뢰하지 않습니다. 지금은 누가 꿈꾸었다고 해도 크게 궁금해 하거나 귀 기울이지 않습니다. 지금은 자기가 기도했더니 태풍의 눈이 빠졌다고 해도 그 사람을 재림예수로 믿지 않습니다. 행사 때 구름이 사람의 얼굴 모양을 하던지, 독수리 모양을 하더라도, 특별한 의미를 두지 않습니다. 지금은 누가 천국지옥 간증해도, 예수 외에 다른 구원자를 전한다거나 십자가 외에 다른 구원방식을 전한다면 나는 그를 거짓 선지자나 혹은 적그리스도라 부릅니다. 지금은 나에게 오직 유일한 계시와 유일한 관심은 기록된 성경말씀 뿐입니다. 성경은 내가 구원받고 거룩한 삶을 살게 하는 데 조금도 부족함이 없는 확실한 하나님의 말씀이기 때문입니다.

이단에서 탈출한 필자에게는 바울과 같은 3대 결심이 생겼습니다.

첫째, 나는 십자가가 헛되지 않게 하겠다(고전1:17).

둘째, 나는 십자가 외에 알지 않겠다(고전2:2).

셋째, 나는 십자가 외에 자랑하지 않겠다(갈6:14).

필자는 JMS이단을 탈출하여 새롭게 예수님을 만났고, 과거 30년 JMS의 삶을 분토처럼 다 버렸습니다. 예수님을 아는 지식이 가장 고상하다는 바울의 고백이 이제 저의 고백이 되었습니다. 이제 다시는 천하만국을 다 준다 해도 예수님을 떠나지 않을 것입니다. 천하를 얻고도 지옥에 간다면 무슨 소용이 있겠습니까?

이 책이 이단들의 교리에 대하여 예방과 반증하는데 쓰임 받아서, 예수님께서 핏 값 주고 사신 천하보다 귀한 영혼들을 보호하고, 구출하는데 조금이라도 보탬이 된다면 나의 기쁨은 더할 나위 없을 것입니다.

이 책이 나오도록 물심양면으로 도와주신 진용식 목사님과, 내가 이단에서 나와 방황할 때 복음을 전해준 한상신 목사님께 감사를 드립니다. 책이 나오기까지 기독교포털뉴스 정윤석 발행인의 노고가 적지 않았습니다. 네이버 카페의 "가나안(jms를 떠나 예수 품으로)"의 회원들과도 이 기쁨을 나누고 싶습니다. 사랑하는 아내와 자녀들과 어깨동무한 채 원을 돌며 축하 세레모니를 펼치고 싶습니다.

안산상록교회에서 김경천

# 목 차

# I. 서 론

# I. 서 론

본 장에서는 본 저서의 연구 방향을 언급하고자 연구 배경, 연구 목적, 문제 설정, 용어의 정의, 연구 방법, 연구 제한 범위, 연구의 중요성과 연구 절차에 대하여 기술하였다.

## 1. 연구 배경

사회학자 피터 버거(Perter. L. Berger)는 오늘날의 시대를 '이단의 시대'라고 규명했다.[1] 이 말은 근대화와 더불어 전통과 권위에 대한 사람들의 의식이 상대화되었기 때문에, '이것만이 절대적으로 옳다'고 말하기가 어려워졌다는 의미이다. 이단이란 원래 희랍어로 '하이레시스'(αἵρεσις) 라는 단어로서 종교적으로 다수의 의견을 따르는 대신 소수의 의견을 선택한다는 의미로 쓰던 말이다.[2] 과거 교통과 미디어가 발달하기 전에는 한 지역의 사람들은 운명적으로 한 종교만을 택하여 신앙생활을 하였다. 그러나 지금은 고객들이 백화점에서 물건을 고르듯이, 종교도 취사선택의 대상이 되었다. 기술문명의 발달로 현대인들은 과거보다 선택의 폭이 훨씬 넓어졌다. 그로인해 종교가 더 이상 운명의 문제가 아니라 취사선택의 문제가 되었음을 의

---

1) Perter. L. Berger, 『이단의 시대』 서광선 역, (서울: 문학과지성사, 1998), 34-40.
2) Perter. L. Berger, 『이단의 시대』, 36.

미한다.[3] 지금은 이단과 정통의 문제도, 누가 옳고 누가 그름이 아니라 어느 종교를 더 선호(選好)하는가 하는 선택의 문제로 다가왔다는 것이다.

현대인들은 이단으로 규정되는 것을 더 이상 크게 두려워하지 않는다. 그들은 과감하게 전통의 권위를 거부하고, 자기들만의 새로운 한 집단을 형성하여 자기들이 오히려 정통이라 내세운다. 그러나 이런 시대사조에도 불구하고 우리는 영원히 변치 않는 진리가 있다고 믿는다. 성경은 "풀은 마르고 꽃은 시드나 우리 하나님의 말씀은 영원히 서리라"(사40:8)고 말씀하고 있기 때문이다.

정통교인들이 왜 이단으로 몰려가는가? 오늘날 한국에는 자기를 가리켜 재림예수라고 하는 사람들만 해도 40명이나 되고, 거짓 선지자들까지 포함하면 200명에 이르고, 그들을 추종하는 사람들이 200만 명쯤 된다하니 그 수는 한국 정통교인들의 약 1/3수준에 이르고 있다.[4] 이제 이단문제는 더 이상 강 건너 불구경하듯 안일하게 대처할 문제가 아니다.

왜 이단들은 자꾸 숫자가 불어나는가? 반면 정통교인들의 숫자는 자꾸만 줄어가는가? 그렇다면 어떻게 해야 이러한 한국교회의 이단화의 흐름을 막고, 심지어 이단에 빠진 사람일지라도 다시 예수님 품으로 돌아오게 할 수 있을까?

이단상담은 성경공부를 통해 이단에 빠진 사람들을 정통교회로 돌아오게 하는 과정이다. 이단상담자들은 이단자들을 멀리해서 그들과

---

3) Perter. L. Berger, 『이단의 시대』, 36-37.
4) https://ko.wikipedia.org/wiki/%EC%86%90%EC%9E%90%EB%B3%91%EB%B2%95 2017년 11월 8일 접속

인사도 하지 않는 것이 아니라, 오히려 그들을 긍휼히 여기며 전도의 대상으로 삼는다(약4장 19~20).

## 2. 연구 목적

이단들의 흡인력은 무엇인가? 성경공부이다. JMS도 성경공부하면서 사람들을 끌어당긴다. 한번 이단의 성경공부 통해서 미혹되면 스스로 벗어나기 힘들다. 그 한 예로서 정명석이 성범죄로 10년형 단죄받았어도 대다수의 회원들은 이탈하지 않았다. 그것은 30개론이라는 그들의 교리와 신비주의 성향 때문이다. 이단으로 규정되는 것은 윤리 도덕적인 것도 참고사항이 되겠지만, 그것 보다는 성경을 자의적(恣意的)으로 해석하기 때문이다. 사탄이 예수님을 시험할 때도 성경구절을 인용하였던 것을 주목해야 한다(마4:6). 그때 예수님은 구약성경에 기록된 하나님 말씀으로 물리치셨다. 그와 같이 우리들도 이단들의 성경공부에 대해 바른 성경해석을 통해 물리쳐야 하나, 그렇게 할 실력이 없거나 부족하다. 성경을 그릇되게 가르치면서 연약한 영혼들을 미혹하는 것이 이단이다. 그러므로 올바른 성경공부가 이단대처의 근본적이고 효과적인 대책이다. 본 책은 정통교인들로 하여금 이단에 빠지지 않게 하는 예방효과를 갖게 하고, 이단에 빠진 사람일지라도 읽고 돌이키게 하고자 쓰여 졌다.

## 3. 문제 설정

"지피지기(知彼知己)이면 백전불태(白戰不殆)"라고 하였다.[5] 적을 알고 나를 알면 전쟁에서 지지 않는다는 것이다. 문제는 일반 교회들은 이단들을 잘 모르나, 이단들은 일반 교회를 잘 안다는 점이다. 왜냐하면 그들은 대개 일반 교회 출신자들이기 때문이다. 게다가 일반 교인들은 이단들의 교리를 잘 모르기도 하고, 간혹 알더라도 그들의 교리를 깨트릴 수 있는 적당한 답변을 갖고 있지 못하는 경우가 대부분이다. 그러므로 영적 전쟁의 신앙전선(戰線)에서 일반교인들이 자꾸 밀리게 되는 것이다. 이단과의 영적싸움에서 승리하기 위해 이단의 교리를 아는 것은 필수적이다.

## 4. 용어 정의

JMS교를 이해하는데 도움이 될 만한 용어를 다음과 같이 소개한다.

### 1) 정명석(鄭明析)

1945년 3월 16일 충남 금산군 진산면에서 고 정팔성 옹과 고 황길

---

5) http://terms.naver.com/entry.nhn?docId=1168892&cid=40942&categoryId=32972
　 2017년 9월 30일 접속

례 여사 사이에서 6남 1녀 중 3남으로 출생하였다. 정명석의 원래 이름은 가족 돌림자로 주석 석(錫)을 썼으나, 예수님께서 쪼갤 석(析)으로 이름을 바꿔주었다고 주장한다. 이는 사람을 나무로 볼 때, 자기에게는 도끼 같은 말씀이 주어졌기 때문이라는 것이다. 마태복음 3장 10절의 "도끼가 나무뿌리에 놓였으니 열매 맺지 않는 나무마다 찍혀 불에 던지리라"는 말씀이 실체로 응했다고 주장한다.

정명석은 진산초등학교를 졸업하였고, 베트남 전쟁 때 파월장병으로 두 번이나 베트남을 다녀온 특이한 경험을 소유하고 있다. 신앙경력으로는 '춘향이' 무당놀이 하던 중에 신탁(神託)을 통한 계시를 듣고 기독교신앙에 입문하였으며[6], 그 이후로 용문산 기도원, 삼각산 기도원과 통일교 등을 다니며 영향을 받았다. 일제 때 금광 굴이었던 폐광 굴과 대둔산에서 수도생활 하다가 예수님으로부터 계시를 받았다고 주장하며, 1978년 6월 1일자로 자기가 이끄는 새 시대, 새 역사가 도래하였다고 주장한다.

## 2) JMS

JMS란 원래 정명석(Jung Myung Seok)의 영어이름 이니셜이다. JMS가 정명석의 이니셜이지만, JMS 사람들은 예수님을 의미하는 새

---

6) 춘향이 놀이란 일종의 신접놀이로서, 대를 잡고 있던 사람이 소원을 말하며'춘향아! 춘향아!'라고 부르면 잡고 있던 대가 갑자기 흔들리면서 신접하여 신탁을 말하였다고 한다. 그때 '말세가 왔다. 그러니 너희들은 하나님을 믿어라!'는 음성을 듣고 그때부터 정명석의 형들과 정명석도 교회를 다니기 시작했다고 한다.

벽별(Jesus Morning Star)의 뜻이라고 주장한다.[7]

## 3) MS

JMS교에서는 회원 한 사람 한 사람을 MS라고 부른다. JMS측에서는 요한계시록 2장 28절에서, '이긴 자에게 새벽 별(Morning Star)을 주리라'는 말씀에 근거하여 자기들이야말로 바로 새벽별(MS)을 받은 이긴 자들이라는 뜻이라고 설명한다. 여기서 새벽별(MS)은 예수 그리스도이나(계22:16), JMS에서는 정명석이 새벽별(MS)이다. 그래서 JMS단체에서는 자기회원들을 "MS"라고 부른다. 그 증거로 한 때 공식명칭도 "세계청년대학생MS연맹"이라고 하였고[8], 그 후에 "세계MS연맹"으로 바꾼 바 있다.

## 4) 기독교복음선교회(CGM)

JMS는 현재 "기독교복음선교회(Christian Gospel Mission)"라는 명칭을 공식적으로 사용한다. 명칭 변천사는 애천선교회에서 세계청년대학생MS연맹으로, 세계MS연맹으로, 국제크리스찬연합으로, 현재의 기독교복음선교회로 이어지고 있다. 이와 같이 명칭을 자주 바꾼다는 것 자체가 부자연스럽다.

---

7) 세계청년대학생MS연맹, 『젊음은 새 역사로』 (서울: 세계청년대학생MS연맹 기획실, 1990), 14. 이후로 정명석과 정명석이 만든 단체에 대한 총칭으로 JMS로 통일한다.
8) 세계청년대학생MS연맹, 『젊음은 새역사로』, 14.

## 5) (사)동서선교회

JMS는 '사단법인 동서선교회'를 갖고 있다. 동서선교회라는 법인의 이름으로 후원금도 받고, 월명동 수련원을 관리한다.

## 6) 월명동

월명동은 정명석의 출생지로서 본명은 "달밝골"이나, 정명석이 월명동(月明洞)으로 개명하였다. 겉으로는 수련원이나 실상은 JMS의 본부이자, JMS의 성지 땅이다. 그 곳에는 정명석 생가, 교단 본부건물, 그리고 JMS 신학교 건물 등이 있다.

## 7) 선생님, 주님, R

[ 선생님 ] : JMS교에서 '선생님'은 오직 정명석 만을 가리키는 단어이다. '선생님'은 예수님의 제자들이 예수님을 부르는 단어였다. JMS 회원들은 정명석 만을 선생님이라고 부른다. 그 때의 선생님은 주님이라는 의미이다.

[ 주님 ] : JMS회원들에게 있어서, 주님이란 구시대(신약시대)는 예수 그리스도를 의미하지만 새 시대(성약시대)는 정명석을 의미한다.

[ R ] : JMS회원들에게 있어서 'R'은, 예수님의 제자들이 예수님을 랍비(Rabbi)로 불렀듯이, 정명석을 예수님과 같은 랍비(Rabbi)라고 하여 그 첫 글자로 표시하는 것이다.

## 8) 성자, 성자본체, 성자분체, 성령분체

[ 성자 ] : 일반교회에서 성자는 예수 그리스도를 의미한다. 그러나 JMS교에서의 성자는 예수 그리스도를 의미하는 것이 아니다. 성자는 한 번도 육신을 입어 본 적이 없는 원래부터 천국의 성자의 영을 말한다. 예수님은 그 성자의 영이 육신을 입고 나타난 것이 나사렛 예수라는 것이다.[9] 성자주님은 원래 천국에 있는 성자본체(本體)이고, 예수님은 그 성자본체가 세상 발판을 위해 육신을 입고 온 몸이다. 그 몸이 성자분체(分體)이다.

[ 성자본체 ] : 영원한 삼위 중의 성자의 영이다. 성자본체는 육신을 입어본 적이 없다. 하나님 우편에 앉아 있는 성자의 영이 성자본체이다.[10] 예수님은 성자본체가 아니라 성자분체이다.

[ 성자분체 ] : 정명석은 예수님을 신약의 성자분체라 하고 자기도 이 시대의 성자분체라고 한다. 다시 말하여, 나사렛 예수님은 성자본체가 예수님의 육신을 아들차원으로 들어 쓴 신약의 성자분체라면,

---

9) 기독교복음선교회, 『실제 보는 강의안』 (충남: 도서출판 명, 2012), 2-3.
10) 기독교복음선교회, 『실제 보는 강의안』, 6.

정명석은 성자본체가 정명석의 육신을 신부차원으로 들어 쓴 성약시대(새 시대)의 성자분체라는 것이다.[11]

[ 성령분체 ] : 성령님은 하나님의 상대 신으로서 여성 신이다. 한마디로 성령님은 하나님의 부인이다. 그 성령님이 사람 중에 한 여자의 몸을 입고 역사한다. 그녀를 성령분체, 혹은 성령 상징체라고 한다.

## 9) 30개론

통일교에 원리강론이 있다면, JMS교에는 30개론 교리가 있다. 30개론은 정명석을 메시아로 믿게 하는 일종의 JMS의 조직신학이다. 지금은 신입회원들이 눈치 채지 못하게 20개론으로 줄이기도 하고, '성경이야기'등으로 다르게 부르기도 한다.

## 10) 섭리, 섭리사

JMS사람들은 자기네 단체를 "섭리사"라고 부른다. 그 말은 자기네 단체는 한 교회나 한 단체가 아니고 적어도 구약, 신약과 같이 역사라는 의미이다. 그리고 줄여서 "섭리"라고 부른다. 그들의 대화 가운데, '섭리교회', '섭리사람들', '섭리에서는', '섭리세계'...이런 말들이 전부 JMS 단체를 의미하는 단어들이다.

---

11) 기독교복음선교회, 『실제 보는 강의안』, 6.

## 5. 연구 방법

본 논문에서는 각 장(章)마다 먼저 JMS의 교리를 소개한 다음 개혁 신학의 성경해석원리에 근거하여 반증한다.

### 1) 개혁신학의 성경해석의 원리는 무엇인가?

개혁자들의 해석의 특성은 다음의 두 원리에서 왔다.[12]

(1) 성경의 해석자는 성경이다(Scriptura Scripturae interpres).
이 말은 성경은 성경으로 해석한다는 뜻이다. 애매했던 성경의 한 부분이 다른 부분에서 명확해진다. 즉 성경을 성경으로 해석한다는 것은 성경의 한 본문을 다른 본문과 대립시켜서는 안 된다는 것을 의미한다. 그리고 어떤 본문을 해석할 때는 직접 접해 있는 문맥뿐 아니라 성경 전체의 문맥에 비추어 해석해야 한다는 것을 말한다.

(2) 모든 성경을 이해하는 것과 설명하는 것은 신앙과 일치하여야 한다(Omnis intellectus ac expositio Scripturae sit analogia fidei).
신앙에의 일치와 성경에의 일치는 성경을 일관성 있게 가르쳐야 함을 의미한다. 그러나 이단들은 성경을 자의적(恣意的)으로 해석한다. 그 잘못된 자의적 해석을 진리라고 주장하기 위해 성경으로 뒷받침하려는 것이 바로 이단이다. 사탄이 그리스도를 시험할 때도 성경구

---

12) Louis Berkhof, 『성경해석학』, 윤종호 역 (서울: 개혁주의신행협회, 2003), 32.

절을 인용했다. 그러므로 성경공부 한다고 해서 다 정통교회라고 생각해서는 안 된다. '성경공부 하자'고 하면서, 예수님에 대해서 가르치는 것이 아니라, 다른 사람을 증거 한다면 그곳이 바로 이단이다.

루터(Luther)는 성경의 문자적 의미 이외의 그 어떤 것도 인정하려 하지 않았고, 풍유적 해석법에 대하여는, 전적으로 회피하지는 않았지만, 조소와 비난을 보냈다.[13] 루터는 개인의 양심에 의한 해석을 옹호하고, 문맥과 역사적 환경을 고려할 것을 강조하고, 해석자의 신앙과 영적 통찰력을 요구하고, 성경에서는 어느 곳에서라도 그리스도를 찾으려고 하였다.

루터의 수제자였던 멜란히톤(Melanchthon)은 다음과 같은 건실한 방법을 사용하였다.[14]

① 성경은 신학적으로 이해되기 전에 문법적으로 이해되어야 한다.
② 성경에는 오직 하나의 단순하고 분명한 뜻이 있을 뿐이다.

칼빈의 주장은 "성경 해석자가 첫째로 할 일은, 해석자가 생각하는 것을 성경 저자로 하여금 말하지 않게 하는 대신 성경 저자가 말하고자 하는 것을 말하도록 하여야 할 것이다"라고 하였다.[15] 쉽게 말해, 자기 생각대로 성경을 읽지 말고 성경의 본래 의도대로 읽으라는 말이다.

---

13) Louis Berkhof, 『성경해석학』, 31.
14) Louis Berkhof, 『성경해석학』, 32.
15) Louis Berkhof, 『성경해석학』, 32.

## 2) 성경의 사적(私的) 해석

종교개혁이 남긴 위대한 두 가지의 유산은 성경의 사적 해석 원리와 성경을 일반적인 언어로 번역한 것이다.[16] 첫째로, 로마 교회가 독점하고 있던 성경해석의 권리를 되찾은 것이다. 두 번째로, 성경 해석이 일반인들에게 맡겨진 것이다. 그런데 이 두 번째의 변화가 보다 많은 말썽의 소지가 내포되어 있었다. 종교개혁 이후 성경을 일반인들이 쉽게 접하고 사적으로 해석하게 되면서 많은 부작용이 생겨나게 되었다. 그것은 로마 가톨릭 교회가 우려하는 바, 즉 역사적 기독교 신앙에서 벗어나 성경 본문을 주관적으로 해석하는 것이었다. 사실상 주관주의는 성경의 사적 해석에 크나큰 위험 요소가 되어 왔다.

사적 해석의 원리는 해석자가 자기들 원하는 대로 성경을 해석해도 좋다는 권리를 가졌다는 뜻이 아니다. 성경을 자유롭게 해석할 수 있다는 권리는 성경을 바르게 해석해야 할 의무가 수반된다. 성경을 해석자 자신의 욕망이나 선입견에 따라 해석해서는 안 된다. 해석자는 성경이 실제로 무엇을 말하고 있는지 이해해야 하며, 해석자 자신의 주장하고 싶은 대로 해석하려는 마음을 억제해야 한다.

그릇된 교리를 위해서 성경으로 뒷받침하려는 것이 이단의 특징이다.[17] 그리고 이단들은 대개 기초적인 국문해석에서 약하고, 그로 인해 성경본문과는 아무런 상관도 없는 주장을 장황하게 늘어놓는 경우가 많다. 성경의 사적 해석의 권리를 잘못 사용한 결과 오늘날과 같

16) R. C. Sproul, 『기독교의 핵심진리 102가지』 윤혜경 역 (서울: 생명의 말씀사, 2014), 58.
17) R. C. Sproul, 『기독교의 핵심진리 102가지』, 55.

이 많은 이단들이 속출하게 되었다.

## 6. 연구 제한 범위

JMS의 교리는 30개론이다. 그러나 본 책에서는 30개론의 기본이 되는 비유론으로 제한한다. 정명석의 비유론은 30개론 교리의 기초이다. 비유론 속에 30개론의 핵심이 대부분 녹아 들어있다. 그리고 '초록(草綠)은 동색(同色)'이라고 했듯이, 이단들의 주장이 비슷비슷해서 JMS의 비유론만 알아도 JMS교뿐만 아니라 타 이단들의 교리에 대해서도 알 수 있다. 성경을 비유로 해석하는 것은 오늘날 대부분의 이단들의 공통과목이다.

## 7. 연구의 중요성

JMS는 통일교의 아류로서 1980년대부터 한국의 대학가의 주요한 이단 중의 하나이다. 그러나 현재는 정명석의 성추문과 구속(拘束)여파로 성장 동력이 위축되어진 상태이다. 그러나 기존의 JMS의 사람들은 정명석을 고발하는 내용의 방송이 터지고, 정명석이 성범죄로 10년 실형 받아도 흔들리지 않는 견고함이 있다. 그것은 신비주의(神祕主義)와 그들의 교리 때문이다.

그동안 정명석의 성 추문에 대해서 SBS나 MBC 등에서 여러 번

특집방송을 했고, 수많은 피해자들의 호소가 있었음에도 불구하고, JMS(정명석)에 대해서는 변변한 대책 책자나, 논문도 거의 없는 실정이다. 그리하여 사람들은 JMS가 이단인 줄은 알겠으나, 윤리도덕을 뺀다면, 성경적으로 뭐가 틀렸는지 말해주는데 어려움을 겪는다고 호소한다.

그런 와중에 본 책이, JMS(정명석) 교리이면서도 타 이단들 교리의 뼈대를 이루고 있다고 해도 과언이 아닌 비유론을 다루고 있으므로, JMS를 비롯하여 유사한 이단대처 사역에 예방주사나 치료제로 요긴하게 쓰임받길 기대해 마지않는다.

# Ⅱ. JMS(정명석)의 성경관

1. 성경과 비유
   ○ JMS(정명석)의 주장
      (1) 비유로 인봉된 성경의 모든 비밀
      (2) 비유와 구원
      (3) 비유와 메시아의 출현
      (4) 만물비유와 사람

2. 시대급으로 본 하나님의 역사
   ○ JMS(정명석)의 주장
      (1) 신앙성으로 본 시대구분
      (2) 관계성으로 본 시대구분
      (3) 인식관으로 본 시대구분

# Ⅱ. JMS(정명석)의 성경관

정명석은 '성경은 비유로 기록되어 있다'는 성경관을 갖고 있다. 그러므로 본 장에서는 정명석의 성경관을 개략하고 반증하기로 한다.

## 1. 성경과 비유

### 1) JMS(정명석)의 주장

#### (1) 비유로 인봉된 성경의 모든 비밀

정명석은 "성경의 모든 비밀은 비유로 인봉(印封)되어 있다."[18]고 주장한다. 예를 들면, "말세, 재림, 공중 휴거, 선악과와 인간 타락의 비밀, 갈빗대로 하와를 만들었다는 비밀 모두가 비유로써 인봉되어 있다"[19]고 한다. 신약의 예수님도 비유로, 심지어 구약의 하나님도 비유로 말씀하셨다는 것이다. 근거로 이용하는 성경 구절은 다음과 같다.

> 예수께서 이 모든 것을 무리에게 비유로 말씀하시고 비유가 아니
> 면 아무 것도 말씀하지 아니하셨으니 이는 선지자를 통하여 말씀하

---

18) 정명석, 『비유론』, (서울: 도서출판 명, 1998), 12.
19) 정명석, 『비유론』, 12.

*신바 내가 입을 열어 비유로 말하고 창세부터 감추인 것들을 드러내리라 함을 이루려 하심이라(마13:34~35)*

*내가 이르되 아하 주 여호와여 그들이 나를 가리켜 말하기를 그는 비유로 말하는 자가 아니냐 하나이다 하니라(겔20:49)*

## (2) 비유와 구원

정명석은 "비유를 깨닫는 여하에 따라 구원이 크게 달라진다."[20]고 하였다. 그 이유로 예수께서 제자들에게는 하나님의 나라가 허락되었기 때문에 비유를 풀어주었지만, 다른 사람들에게는 천국이 허락되지 않았기 때문에 그들로 알아듣지 못하게 하려고 비유로 말씀하셨다는 것이다.

*제자들이 이 비유의 뜻을 물으니 이르시되 하나님 나라의 비밀을 아는 것이 너희에게는 허락되었으나 다른 사람에게는 비유로 하나니 이는 그들로 보아도 보지 못하고 들어도 깨닫지 못하게 하려 함이니라(눅8:9~10)*

그에 의하면, 우리가 성경을 읽어도 성경의 비유를 풀어야 참 진리에 이를 수 있고, 참 진리를 알아야 그 말씀을 실천할 수 있게 되고, 그 말씀을 실천해야 비로소 구원받을 수 있게 된다는 것이다. 그 말은 곧 성경의 비유를 아느냐 모르느냐에 따라서 구원이 좌우된다는 식의 의미이다.

---

20) 정명석, 『비유론』, 12.

### (3) 비유와 메시아의 출현

정명석은, 메시아는 비유로 된 인봉(印封)을 풀어주면서 나타난다고 하였다. 예를 들면, 예수님은 구약의 인봉된 비유를 풀어주고, 그 예언을 성취함과 동시에 또 다시 신약을 비유로 재림 때까지 인봉해 놓으셨다.[21] 즉 예수님은 아담 이후 4천 년 역사 속에 감춘 창세 이후의 모든 비밀과 비유를 풀어헤치심과 동시에 신약 말씀 속에서 또다시 다른 비유를 들어 말씀해 놓고 가셨다고 주장한다.[22]

그러므로 지금은 너희가 감당치 못하여 이르지 못하나 "때"가 이르면 다시 비유로 이르지 않고 아버지에 대한 것을 밝히 이르리라고 하신 것이 바로 이것을 의미하는 것이라고 한다.[23]

정명석에 의하면, 재림주가 와서 비유를 풀어주기 전에는 성경의 비밀을 알 수 없다고 한다. 한 마디로 '꿩 잡는 것이 매'라는 속담처럼, 성경의 감추어진 비유를 풀어주는 자가 있다면 그가 메시아라는 것이다.

내가 입을 열어 비유로 말하며 예로부터 감추어졌던 것을 드러내려 하니(시78:2)

이것을 비유로 너희에게 일렀거니와 때가 이르면 다시 비유로 너희에게 이르지 않고 아버지에 대한 것을 밝히 이르리라(요16:25)

---

21) 정명석, 『비유론』, 12-13.
22) 정명석, 『비유론』, 12-13.
23) 정명석, 『비유론』, 13.

### (4) 만물비유와 사람

정명석은, "모든 성경의 비유는 인간을 두고 수백 수천 가지의 만물을 들어 비유한 것이다."[24] 라고 주장한다. 만물은 인간의 기본형을 닮았기 때문이다. 사람을 만물로 비유했을 때는 만물의 특성을 알면 그 비유된 대상은 그 만물과 같은 특성과 장단점을 가진 자임을 알아야 한다.[25] 예를 들면, 성경에 나오는 왕벌, 독수리, 해달별, 구름, 생명나무와 선악나무, 선악과, 갈빗대... 등이 전부 사람을 비유한 것들이라는 것이다.

## 2) 반 증

### (1) 성경의 모든 비밀이 비유로 인봉되었는가?

정명석은 성경의 모든 비밀이 비유로 인봉되어 있다고 말하지만 그렇지 않다. 성경에는 역사도 있고, 시도 있고, 예언도 있고, 설교도 있고, 기도도 있고, 심지어 과장법도 있다. 당연히 성경의 모든 비밀이 비유로 인봉되어 있다는 말은 거짓말이다.

우리가 성경을 읽을 때 유일하게 합법적이고 정당한 해석 방법은 문자적(文字的) 해석 방법이다.[26] 문자적 해석이란, 오해의 소지가 있지만, 성경을 적혀 있는 그대로 해석한다는 의미이다. 성경을 적혀 있는 대로 해석한다는 것은 모든 것을 문자대로 해석하라는 말이 아니라, 역사는 역사로, 비유는 비유로, 시는 시로, 과장법은 과장법으로

---

24) 정명석, 『비유론』, 12.
25) 정명석, 『비유론』, 12.
26) R. C. Sproul, 『기독교의 핵심진리 102가지』, 54-55.

문자 그대로 다루라는 말이다.[27]

　심지어 성경에는 과장법도 있다. 예를 들면, 마태복음 7장 3절의 "어찌하여 형제의 눈 속에 있는 티는 보고 네 눈 속에 있는 들보는 깨닫지 못하느냐"는 말씀을 예로 들어보자. 문자대로 읽는다면, 어찌 사람의 눈에 들보가 들어 갈 수 있으랴? 이것은 과장법이 분명하다. 그러나 이것을 비유로 본다든지, 예언으로 본다든지 한다면 어떻게 되는가? 그렇게 읽는다면, 자기의 잘못을 먼저 성찰(省察)해야 한다는 본래의 의도와는 아무런 상관이 없게 되는 것이다.

　예수님은 베들레헴에서 태어나리라(미5:2)고 예언되었는데, 문자 그대로 베들레헴에서 태어나셨다. 동정녀에게서 태어나신다(사7:14)고 예언되었는데, 문자 그대로 동정녀에게서 나셨다. 이스라엘의 왕이 나귀새끼 타고 예루살렘 성에 임하신다(슥9:9)고 하셨는데, 예수님께서 문자 그대로 나귀새끼 타고 입성하셨다(마21:1~11). 은30개에 팔리신다고 하셨는데(슥11:12), 예수님은 문자 그대로 은30개에 팔리셨다. 그의 모든 뼈를 보호하여 하나도 뼈가 하나도 꺾이지 아니하리라(시34:20) 하셨는데, 예수님은 문자 그대로 십자가상에서 뼈가 하나도 꺾이지 아니하셨다(요19:31~36). 주의 거룩한 자로 무덤에서 썩지 아니하리라(시16:10)고 하셨는데[28], 예수님께서는 문자 그대로 육신이 썩지 않고 부활하셨다(행2:31~32). 이와 같이 구약에서 예수님께 대하여 예언한 것들은 대부분이 문자 그대로 성취되었

---

27) R. C. Sproul, 『기독교의 핵심진리 102가지』, 55.
28) 시16:10(개혁한글) 이는 내 영혼을 음부에 버리지 아니하시며 주의 거룩한 자로 썩지 않게 하실 것임이니이다.

다.[29]

위 예에서 보았듯이, 성경의 모든 비밀은 전부 비유로 인봉되어 있다는 정명석의 주장은 명백하게 틀린 말이다. 오히려 성경의 대부분은 문자 그대로 해석해야 하고, 간혹 비유로 된 부분은 비유로 이해하면 그만이다. 그러나 명백한 역사적 사실을 비유라고 해 버리면, 성경의 역사성과 생명력은 사라지고 거짓말 책이 되어 버리고 만다. 그러므로 성경은 절대로 비유로 인봉된 책이 아니다.

그리고 정명석은 에스겔 20장 49절의 "그는 비유로 말하는 자가 아니냐"라고 말한 것을 근거로, '보라! 구약의 하나님도 비유로만 말씀하셨다'고 주장했다. 그러나 그것은 사람들이 하나님에 대하여 말한 것이 아니고 에스겔에게 말한 것이었다. 사람들이 에스겔에게 말한 것을 가지고 '보라! 구약의 하나님도 비유로만 말씀하셨다'고 주장한 것은 명백한 오류이다. 국문해득의 부족에서 비롯된 오류이다. 성경을 바르게 해석하려면 무엇보다 먼저 국문해득부터 바르게 해야 한다. 다른 번역본의 성경을 보자.

> 내가 아뢰었다. "주 하나님, 그들은 저를 가리켜 말하기를 모호한 비유나 들어서 말하는 사람이라고 합니다."(표준새번역, 겔20:49)
> 그래서 내가 말하였다. "오 ! 주님, 슬픈 일입니다! 그렇지 않아도 사람들은 저를 가리켜 '그는 언제나 이상한 소리나 비유를 *써서 지껄이는 놈이다.*'라고 비난합니다."(현대어, 겔20:49)

---

29) 진용식, 『무료성경신학원 이만희의 실체는?』, (서울: 백승, 2011), 30.

### (2) 비유와 구원?

정명석은 비유를 아느냐 모르느냐에 따라 구원이 크게 좌우된다고 하였다. 그 말은 성경의 핵심내용, 특히 타락이나 재림에 관한 예언이 비유로 되어 있기 때문에 비유를 풀어야 재림예수를 만날 수 있다는 주장을 하기 위함이었다. "구름타고 오시리라"(계1:7)는 재림예언에서, 정명석은 구름을 사람으로 풀고, 자기에게 예수님의 영이 오셨으므로 예수님이 자기를 통해 구름타고 오셨다고 말하는 것이다. 그러므로 구름은 비유라고 해야 자기는 구름 탄 재림예수라고 주장할 수 있고, 그 재림예수를 만난 사람과 그렇지 않은 사람은 구원이 크게 좌우된다고 말했던 것이다.

그러나 재림예수를 만나는 것은 정명석의 주장처럼 비유를 깨달아야 만나는 것이 아니다. 예수님의 재림은 누구나 다 볼 수 있는 가시적(可視的) 재림이다. 그러므로 예수님의 재림은 비유를 풀건 안 풀건 누구라도 다 볼 수 있는 재림이다.

> 그 때에 인자의 징조가 하늘에서 보이겠고 그 때에 땅의 모든 족속들이 통곡하며 그들이 인자가 구름을 타고 능력과 큰 영광으로 오는 것을 보리라(마24:30)
> 볼지어다 그가 구름을 타고 오시리라 각 사람의 눈이 그를 보겠고 그를 찌른 자들도 볼 것이요 땅에 있는 모든 족속이 그로 말미암아 애곡하리니 그러하리라 아멘(계1:7)

정명석은 성경의 비유만 풀면 구원문제가 다 해결될 것처럼 말하지만, 그것은 성경을 왜곡하는 것이다. 구원이란, 비유를 풀어서 받는 것이 아니고, 하나님의 은혜로, 예수님의 보혈로 나의 죄가 다 속죄함 받았다는 사실을 믿음으로 받는 것이다(엡2:8).

> *너희는 그 은혜에 의하여 믿음으로 말미암아 구원을 받았으니 이 것은 너희에게서 난 것이 아니요 하나님의 선물이라 행위에서 난 것 이 아니니 이는 누구든지 자랑하지 못하게 함이라(엡2:8~9)*

그리고, 천국은 비유 풀어서 가는 곳이 아니라, 예수 믿고 거듭나야 가는 곳이다(요3:3). 비유를 깨달아야 구원받는다면 예수님의 십자 가는 무용지물이 되 버린다. 죄 사함과 구원은 십자가를 통한 속죄를 믿음으로 구원받는 것이다. 그리고 비유를 더 많이 풀어야 더 좋은 천 국에 가는 것이 아니다.

정명석은 "구약급 구원, 신약급 구원, 성약급 구원이 있고, 그리고 성약급 구원 중에서도 최고 높은 구원이 있다"[30]는 식으로 구원에 차 등을 둔다. 그런 차등 구원은 JMS회원들로 하여금 더 좋은 천국에 가 고 싶은 욕망을 유발시켜, 헌신과 충성을 강요하기에 용이하다.

그러나 구원은 하나님의 은혜로 받기 때문에 차별이 없다. 그러므 로 '더 높은 구원' 혹은 '더 낮은 구원' 이런 말들은 성경적으로 틀린 말이다. 상급은 자기가 행한 대로 받기 때문에 차별이 있을 수 있어도 (계22:12), 구원은 자기 행위로 받는 것이 아니기 때문에 차별이 없 다. 천국은 비유를 풀어야 가는 곳이 아니다.

---

30) 기독교복음선교회, 『실제 보는 강의안』, 149.

*거기에는 헬라인이나 유대인이나 할례파나 무할례파나 야만인이
나 스구디아인이나 종이나 자유인이 차별이 있을 수 없나니 오직 그
리스도는 만유시요 만유 안에 계시니라(골3:11)*

### (3) 비유와 메시아 출현?

정명석은 구약시대의 비밀은 예수님이 비유로 일부 풀어주시고, 신
약시대의 비밀은 비유로 인봉하여 두었다가, '재림 때' 비유를 풀어
주신다고 주장한다. 그 말은 지금 자기가 비유를 풀었으니 자기가 재
림예수이고 지금이 재림 때라는 말이다.

정명석은 요한복음 16장 25절의 "이것을 비유로 너희에게 일렀거
니와 때가 이르면 다시 비유로 너희에게 이르지 않고 아버지에 대한
것을 밝히 이르리라."를 근거로 주장한다. 여기서 '때가 이르면'은 과
연 언제인가? 정명석의 주장처럼 재림 때인가? 그러나 성경에 의하
면 초림 때이다.

왜냐하면, 예수님의 제자들은 "지금은 밝히 말씀하시고 아무 비유
로도 하지 아니 하시니"(요16:29)라고 말하여, 그 당시가 바로 '그
때'라고 대답하였다. 그리고 예수님께서도 "이제는 너희가 믿느냐"
(요16:31)고 하여, 그 초림 때가 그 "때"임을 확인하셨기 때문이다.

*제자들이 말하되 지금은 밝히 말씀하시고 아무 비유로도 하지 아
니하시니 우리가 지금에야 주께서 모든 것을 아시고 또 사람의 물음
을 기다리시지 않는 줄 아나이다 이로써 하나님께로부터 나오심을
우리가 믿사옵나이다 예수께서 대답하시되 이제는 너희가 믿느냐*

*(요16:29~31)*

그러니까 정명석과 다른 이단 교주들이 주장하는 것처럼, '내가 지금 비유를 풀었으니 지금이 바로 재림 때요, 내가 바로 재림예수이다'는 소리는 허무맹랑한 소리이다.

예수님께서는 공생애 초기에는, 여러 가지 이유로 인해, 비유를 베풀어 말씀도 하셨지만, 공생애 후반부의 승천하시기 직전에는 예수님 자신에 대하여 비유로 말하지 않고 밝히 말씀하셨던 것이다. 그러므로 "때가 이르면"(요16:25)의 '때'는, 재림 때가 아니라 '예수님 당세'를 의미하는 것이었다.

### (4) 만물이 사람을 비유한 것인가?

정명석은 "성경은 비유로 쓰여 있으며, 성경 속의 모든 비유는 인간을 두고 수백 수천 가지의 만물을 들어 비유한 것이다"[31]고 한다. 정명석의 주장처럼, 성경에는 만물을 들어 사람을 비유한 것도 있다. 그렇다고 하여 성경에 나오는 모든 만물들이 다 사람을 비유한 것처럼 주장하면 안 된다. 왜냐하면 대부분의 만물들은 실제 만물 자체를 말한 것인데, 그것을 사람이라고 풀면 성경기록의 목적과는 전혀 상관없는 비 진리를 전하게 된다.

예를 들어 보자. 구약성경에 이스라엘의 왕이 어린 나귀새끼를 타고 예루살렘 성(城)에 임하리라(슥9:9)고 예언되어 있다. 나귀는 만물인가? 사람을 비유한 것인가? 그 어린 나귀를 만물자체로 보지 않

---

31) 정명석, 『비유론』, 12.

고 사람을 비유한 것으로 해석하면 어떻게 되는가? 예수님께서 어린 소년, 소녀의 등에 올라타고 예루살렘에 입성(入城)했다고 해석하게 된다. 말이 되는가? 그러므로 만물은 사람을 비유한 것이라 일방적으로 말할 수 없다.

마리아가 예수님께 향유옥합을 깬 이야기가 나온다(요12:1~8). 향유옥합은 옥합자체인가? 아니면 사람을 비유한 것인가? 만약 향유옥합을 사람을 비유한 것으로 본다면 어떻게 해석되는가? 마리아가 향유옥합을 깬 것은 마리아가 예수님께 몸 바친 것이라고까지 해석될 수 있다. 실로 참람하고 신성모독적인 해석이다.

가룟 유다는 마리아에게 "어찌하여 이 향유를 삼백 데나리온에 팔아 가난한 자들에게 주지 아니하였느냐"고 비난하였다. 만약, 향유옥합이 마리아의 몸을 비유한 것이라면, 그 말은 '네 몸을 삼백 데나리온에 팔아 가난한 자들에게 주지 아니하였느냐'고 비난한 것이 된다. 말이 되는가? 그러므로 향유옥합을 깬 것은 그냥 향유옥합을 깨트린 것이다. 절대로 '만물은 사람을 비유한 것'이라고 일반화해서 주장할 수 없다.

이스라엘의 출애굽을 위하여 하나님께서는 애굽에 10가지 재앙을 퍼부으셨다. 10가지 재앙 중에 개구리 떼 재앙(출8:1~15)과 이 떼 재앙(출8;16~19), 파리 떼 재앙(출8:20~25), 그리고 메뚜기 떼 재앙들(출10:1~20)이 있었다. 비유인가? 실제 만물인가? 하나님께서는 문자 그대로 애굽에 개구리 떼, 이 떼, 파리 떼, 메뚜기 떼를 보내 애굽을 치신 것이 명백하다. 사람들을 개구리 떼, 이 떼, 메뚜기 떼 같이 보낸 것이 아니었다.

　사람을 메뚜기 같다(민13:33)[32]고 비유할 수 있다고 해서, 다른 곳의 메뚜기도 사람으로 해석할 수 없다. 그러므로 확실하게 비유로 된 것은 비유로 읽어야 하겠지만, 역사와 사실을 기록한 만물은 그냥 만물 자체로 읽어야 한다.

　이스라엘 민족이 광야에서 고기가 먹고 싶다고 할 때 하나님께서 메추라기를 먹인 사건이 있었다(민11:31~33). 이 메추라기는 실제 인가? 비유인가? 그것은 실제로 메추라기를 먹은 것이지, 그들이 아무리 고기가 먹고 싶다고 해서 메추라기 같은 사람들을 잡아먹었을 리 만무하다.

　예수님께서 거라사 지방을 지나다가 귀신들린 자를 고치셨을 때 발생한 일이다(막5:1~20). 그때 귀신들이 돼지 떼에게로 들어가자 돼지 2,000마리가 비탈길을 내리달려 몰사한 장면이 나온다. 그 돼지들은 실제 돼지들이지, 돼지 같은 2,000명이 집단 자살한 것이 아니다. 이와 같이 사람을 돼지라고 비유할 수 있다[33]고 해서, 다른 문장의 돼지도 '돼지는 사람'이라고 공식화(公式化)할 수 없다.

　사람을 나무로 비유할 수 있다. 예수님도 자신을 포도나무라고 하셨다(요15:1, 5). 그렇다고 해서 다른 곳의 포도나무도 당연히 사람이라고 풀면 안 된다.

　12명의 가나안 정탐꾼이 포도송이가 달린 가지를 꺾어왔는데, 그것은 그냥 포도나무의 가지였다. 삭캐오가 예수님 보려고 뽕나무에 올라갔다고 했는데, 그 뽕나무가 사람인가? 아니다. 실제 나무임에

---

32) 거기서 내피림 후손 아낙자손의 거인들을 보았나니 우리는 스스로 보기에도 메뚜기 같으니 그들이 보기에도 그와 같았을 것이니라(민13:33).
33) 거룩한 것을 개에게 주지 말며 너희 진주를 돼지 앞에 던지지 말라(마7:6).

틀림없다. 그리고 솔로몬 성전에 쓰여진 레바논 백향목도 그냥 레바논의 백향목이었다.

예수님께서 길가에 열매 없는 무화과나무를 저주하자, 그 나무가 금새 시들었다고 했다(마21:18~19). 그 무화과나무도 실제 무화과나무가 시든 것이지, 어떤 사람이 시든 것이 아니다. 그러므로 사람을 나무로 비유할 수 있다고 하여 다른 곳의 나무도 사람일 것이라고 해석하면 안 된다. 예를 들어, '생명나무는 아담, 선악나무는 하와이다'고 해석하면 안 되는 것이다. 실제 그런 나무가 있었다면 어찌할 것인가? 그러므로 명백히 비유로 된 것은 비유로 읽되, 대부분의 나무들은 문자대로 그냥 나무로 읽으면 되는 것이다.

예수님께서 재림 하실 때 구름타고 오신다고 하셨다(마24:30, 계1:7). 그러나 '구름은 사람이다'라고 비유로 풀면, 예수님께서 '구름타고 오시리라'는 예언은, 예수님의 영이 다른 사람의 몸을 통해 오는 것이라고 주장할 수 있다.[34] 그리고 예수님의 영이 자기 몸에 들어왔다고 말하면, 이는 예수님께서 구름타고 오신 것이고, 또한 자기를 구름같이 많은 사람들이 믿고 따르니 자기야말로 구름 탄 재림예수라고 주장할 수 있다. 그렇다면 누구라도 자기 몸에 예수님의 영이 들어왔다고 주장하면, 그리고 사람들이 구름떼같이 따르기만 하면 재림예수가 되는가? 말도 안 되는 소리이다. 그래서 성경을 비유로 풀면 누구라도 자기를 재림예수라고 꿰맞출 수 있다. 이들이 바로 예수께서 "많은 사람이 내 이름으로 와서 이르되 나는 그리스도라 하여 많

---

34) 구름을 신천지에서는 영이라고 풀고, JMS에서는 육으로 푼다. 구름을 비유로 푸는 사람들은, 예수님의 영이 자기 몸에 들어왔다고 말하며, 그러므로 자기는 구름타고 온 재림예수라 고 주장한다.

은 사람을 미혹하리라"(마24:5) 경계하던 적그리스도들이다.

예수님께서 승천하실 때 구름이 가리어 보이지 않게 되었는데(행1:9), 그 구름은 사람이 아니라, 실제 구름이었다. 사람들 가운데서 하늘로 올려 지신 그 예수님이 하늘로 가심을 본 그대로 하늘로부터 다시 오시는 것이다(행1:11). 이단들은 '예수님이 손오공이냐? 구름 타고 오게?'라고 비웃지만, 그 말은 예수님께서 하늘로 승천하실 때 구름이 가리어 보이지 않았던 것처럼, 재림 때도 하늘로부터 오심을 말하는 것이다. 재림예수는 태어나는 것이 아니라 하늘로부터 오시는 것이다. 그러므로 구름은 그냥 구름으로 읽는 것이 옳다.

그러므로 성경을 억지로 풀게 되면 멸망을 자취하게 되고(벤후3:16), 그는 적그리스도가 되고, 그 단체는 이단이 되는 것이다. 성경을 억지로 푼다는 것은 '비유로 풀어야 한다'든지, 혹은 '영적으로 풀어야 한다'고 하면서 교묘하게 왜곡하여 푸는 것을 말한다.

어떤 백인의 얼굴에서 검은 점이나 주근깨를 몇 개 클로즈 업(close-up)해서 그것만을 강조하여 보여주며, 이 사람은 흑인이라고 주장한다면 그것은 지나친 과장이고 거짓말이다. 마찬가지로 성경에는 비유로 된 성구들이 부분적으로 있기도 하지만, 그렇다고 하여 '성경은 비유로 인봉되어 있다'고 말하는 것은 비 진리이고 거짓말이다.

### (5) 예수님은 왜 비유로 말씀하셨는가?

정명석은 재림예수가 오실 때까지 비밀로 덮어두기 위하여 비유로 인봉되었다고 하였다. 그러나 예수님께서 비유로 말씀하신 것은 다음과 같은 여러 가지 이유가 있었기 때문이다.

① 잘 설명하기 위함이었다.

예수님께서 비유로 말씀하신 것은, 천국이 허락된 사람과 허락되지 않은 사람을 구분하기 위함이 아니라, 그들이 보아도 보지 못하고, 들어도 듣지 못하니까 잘 알아들으라고 비유로 말씀하셨던 것이다.

환언하면, 알아듣지 못하게 하려고 암호처럼 비유로 말씀하신 것이 아니라, 알아듣지 못하니까 알아들으라고 비유로 말씀하셨던 것이다. 예수님께서는 천국에 관한 것 등 어려운 것들을 잘 설명하기 위하여 비유를 사용하셨다.

> 제자들이 예수께 나아와 이르되 어찌하여 그들에게 비유로 말씀 하시나이까 대답하여 이르시되 천국의 비밀을 아는 것이 너희에게 는 허락되었으나 그들에게는 아니 되었나니 무릇 있는 자는 받아 넉 넉하게 되되 없는 자는 그 있는 것도 빼앗기리라 그러므로 내가 그 들에게 비유로 말하는 것은 그들이 보아도 보지 못하며 들어도 듣지 못하며 깨닫지 못함이니라(마13:10~13)

② 감추기 위한 것이었다.

마가복음 4장 10~12절을 읽어보면 예수님께서 비유로 하신 이유 는 '감추기 위한 것'도 있었다. 예수님이 하나님 나라의 비밀을 외인 들에게는 감추려고 하신 이유는 '정치적인 것' 때문이었다.[35] 예수님 당시 예수님을 반대하던 유대인이 많았다. 유대인들은 예수님의 말 씀에서 허점을 찾으려고 혈안이 된 상태였다. 따라서 예수님은 비유

---

35) 홍창표, 『하나님 나라와 비유』 (수원: 합동신학대학원출판부, 2004), 45.

를 사용하여 자기를 반대하는 자들로 하여금 고소를 하지 못하도록 하신 것이다.

> 예수께서 홀로 계실 때에 함께한 사람들이 열두 제자와 더불어 그 비유들에 대해 물으니 이르시되 하나님 나라의 비밀을 너희에게는 주었으나 외인에게는 모든 것을 비유로 하나니 이는 그들로 보기는 보아도 알지 못하며 듣기는 들어도 깨닫지 못하게 하여 돌이켜 죄 사함을 얻지 못하게 하려 함이라 하시고(막4:10~12)

그렇다고 예수님께서 대적들에게 항상 비유로 감춘 것은 아니다. 다른 곳에서는 적대적인 서기관과 바리새인들에게도 비유를 잘 설명 하여 주셨다.

> 바리새인과 서기관들이 수군거려 이르되 이 사람이 죄인을 영접 하고 음식을 같이 먹는다 하더라 예수께서 그들에게 이 비유로 이르 시되 너희 중에 어떤 사람이 양 백 마리가 있는데 그 중의 하나를 잃 으면 아흔아홉 마리를 들에 두고 그 잃은 것을 찾아내기까지 찾아다 니지 아니하겠느냐(눅15:2~4)

③ 그의 청중들의 경계심을 완화시키기 위함이었다.

때때로 예수님께서는 비유를 수단으로 사용하여 자신에 대한 청중 들의 적대감 및 마음의 완악함을 누그러뜨리려 하셨다.

사무엘하 12장 1절~4절에서 나오는 나단의 비유가 바로 그러한 경우이다. 만약 나단이 직접적으로 다윗의 간음을 지적했다면, 다윗으로 하여금 자신의 죄악을 바라보게 하고 또한 그의 죄악에 대한 하나님의 진노를 충분히 깨닫게 하지 못했을 것이다. 나단의 지혜로운 비유로 말미암아 다윗은 마음이 열려졌고, 나단 선지자의 갑작스러운 방문에 대한 모종의 경계심이 풀어졌을 때 나단은 그 비유를 해석하여 주었다.

예수님께서 이와 비슷한 것을 누가복음 7장 36절~50절에서 사용하신 것을 발견할 수 있다. 여기서 시몬의 선입견을 풀기 위해서 비유로 말씀하시면서 시몬의 마음을 움직이려고 하셨다. 예수님께서는 시몬을 그 비유와 연계시키면서, 시몬 스스로 "내게 큰 사랑이 부족한 것은 참된 용서를 받지 못해서라는 말입니까?"라는 질문을 기대하셨던 것이다.[36]

이상과 같은 용례는 누가복음 15장에서 '잃어버린 양의 비유', '잃어버린 한 드라크마의 비유', '탕자의 비유' 등을 꼽을 수 있다. 이 비유들은 누가복음 15장 1절~2절에서 제기된 항의, 즉 "어찌 죄인과 같이 음식을 먹을 수 있느냐"(눅15:2)를 해명하시고자 그런 비유를 사용하신 것이었다.[37]

④ 예언을 성취하기 위하여서였다.

마태복음13장 35절에서 예수님께서 비유를 베풀어 말씀하심은, 시편78편 2절의 "내가 입을 열어 비유로 말하고 창세부터 감추인 것들

---

36) Robert H. Stein, 『예수님의 비유』, 명종남 역 (서울: 새순출판사, 1994), 57-58.
37) Robert H. Stein, 『예수님의 비유』, 58.

을 드러내리라 함을 이루려 하심이라"고 하였다. 그러므로 예수님께서 비유로 말씀하신 것은 구약의 예언을 성취하기 위함이었다. 예수님께서는 '하나님의 비밀'을 비유로 풀어서 설명하신 것이다. 그러므로 비유로 인봉(印封)한 것이 아니라 비유로 개봉(開封)한 것이다. 비유로 말씀하신 것은 시편 78편 2절의 예언을 성취하기 위함이었다. 그러나 정명석이나 이단의 교주들은 그 풀어놓은 것을 비유로 다시 봉함했다고 억지주장 하는 것이다.

'하나님의 비밀'은 예수 그리스도이다(골1:27; 딤전3:16). 그러므로 예수님은 '하나님의 비밀'인 당신에 대해서 비유를 이용하여 잘 설명해 주셨던 것이다.

그러므로 어떤 사람이 비유풀이 한다면서 예수님이 아닌 자기를 '이 시대의 메시아'라고 내세우는 것은 적그리스도이다. 예수님만이 어느 시대를 막론하고 유일한 그리스도이다(행4:12).

### (6) 예수께서 비유로만 말씀하셨다는 것은?

이단들은, 마태복음13장 34절에 "예수께서 비유가 아니면 아무것도 말씀하지 않으셨다(he did not say anything to them without using a parable. NIV)"는 성구를 이용하여 '보라! 예수님은 비유로만 말씀하셨지 않느냐?'고 주장한다. 그러나 그것은 예수님께서 당신의 전(全)생애 동안 오로지 비유로만 말씀하셨다는 것을 말하는 것이 아니다.

마태복음13장 1절의 예수님께서 비유로만 하신 '그 날'은, 예수께서 바닷가에 앉으시매 큰 무리가 예수께로 와서 예수께서 배에 올라

가 앉으시고 온 무리는 해변에 서서 설교를 듣던 어느 날이었다. 그
날에, 즉 마태복음13장 3절에 예수께서 비유로 여러 가지를 그들에
게 말씀하시던 날에, 예수께서는 씨 뿌리는 자의 비유를 시작으로 해
서, 세 가지 천국 비유와 천국의 서기관의 비유 등을 말씀 하셨다. 그
리고 마태복음13장 53절에 "예수께서 이 모든 비유를 마치신 후에
그 곳을 떠나서"라고 하였다. 그 날 해변 가에서 여러 가지를 비유로
말씀하기를 시작하셨고(3절), 그 날에 비유로 말씀하시기를 마치신
것이다(53절).

　그러므로 '예수께서 비유로만 말씀하셨다'는 것은 예수께서 그 날
특별히 비유를 들어 여러 가지 말씀하셨다는 뜻이지, 전(全) 생애 동
안 모든 설교를 다 비유로 하셨다는 것은 아니다. 게다가 "비유가 아
니면 아무 것도 말씀하지 아니하셨으니"라는 구절에는 미완료시제
동사가 사용되었는데, 이는 예수께서 비유를 습관적으로 사용하셨다
는 뜻이지, 비유로만 사용하셨다는 뜻은 아니다.[38]

　4복음서는 비유로만 기록된 책이 아니다. 예수님은 설교하시면서
여러 가지 수사법을 사용하셨다. 역설, 풍자, 질문, 비유, 잠언, 수수

38) Grant R. Osborne , 『마태복음 하』, 전광규·김진선 옮김 (서울: 성서유니온선교회,
　　2005), 35; 장운철, (서울: 부흥과 개혁사, 2013), 113에서 재인용; 『내사랑하는 책
　　4.5』-[원전분해-마13:34] 비유가 아니면 … 말씀하지 아니하셨으니 - 말씀하지 않았
　　다는 뜻의 동사 '엘랄레이'는 미완료 과거형으로서, 과거의 단 한 번의 동작을 나타내는
　　부정 과거형과는 달리 습관적인 행위를 나타낸다. 그런데 이 말이 ' … 을 제외하고', '
　　밖에'라는 부사 '코리스'와 연결됨으로써 본문이 예수께서 오로지 비유로만 이야기하고
　　다른 말씀은 전혀 하시지 않았다는 뜻으로 오해할 수 있다. 그러나 예수의 생애를 통해
　　볼 때, 그분께서 하신 모든 말씀이 비유였던 것은 결코 아니었다. 본문은 단지 그날은 '
　　천국'을 이해시키고 깨닫게 하기 위해 특별히 비유로만 말씀하셨다고 하는 해석이 더욱
　　적절하다.

께끼, 직유법, 은유법, 과장법, 동음이의법 등이다.[39] 따라서 '모든 성경은 비유로 인봉되어 있다'는 정명석(혹은 이단교주들)의 주장은 과장되었고 거짓말이다.

### (7) 성경기록의 근본목적은?

성경은 내용이 명료한 책이다. 성경의 명료성은, 성경이 하나님의 구원 진리를 전달함에 있어서 사람들이 이해할 만하게 명료하다는 것이다. 하나님께서 죄인들을 구원하시기 위해 특별계시(성경)를 주신 목적은 죄인들로 하여금 읽고 구원 받으라 함이다. 그러므로 성경은 무지몽매한 죄인들이 읽고 구원을 얻어야할 책이기 때문에 결코 어려운 책일 수가 없다. 성경은 특히 죄인이 구원을 받기 위해 알아야 할 내용에 있어서 명료하다.[40]

사도요한은 요한복음을 기록하면서 "오직 이것을 기록함은 너희로 예수께서 하나님의 아들 그리스도이심을 믿게 하려 함이요 또 너희로 믿고 그 이름을 힘입어 생명을 얻게 하려 함이니라"(요20:31)고 하였다. 바울도 디모데후서 3장15절에 "성경은 능히 너로 하여금 그리스도 예수 안에 있는 믿음으로 말미암아 구원에 이르는 지혜가 있게 하느니라"고 하였다. 그러므로 성경의 비유를 풀어야만 구원 받을 수 있다는 것은 거짓말이다.

예수님께서는 요한복음 5장 39절에서 "너희가 성경에서 영생을 얻는 줄 생각하고 성경을 연구하거니와 이 성경이 곧 내게 대하여 증언

39) 장운철, 『이단들이 잘못 사용하고 있는 33가지 성경이야기』, 113.
40) 김지호, 『성경파노라마』 (도서출판 다사랑, 2011), 197-198.

하는 것이니라"고 하셨다. 따라서 '성경의 비유를 풀어야 구원 받는
다'고 하면서 '예수는 그리스도'라는 명제를 벗어나는 것은 기차가 레
일 밖으로 탈선하는 것과 같다. 비유의 근본 목적은 '예수는 그리스
도'임을 잘 드러내게 하는 것이었기 때문이다.[41]

결론적으로, 이단들이 '성경은 비유다'라고 주장하는 것은, 성경이
비유로 인봉된 책이라서가 아니라, 그렇게 주장해야 성경을 자기 맘
대로 해석하여 자기를 재림예수라고 포장할 수 있기 때문이다. 그러
나 성경은 교주들의 견해에 맞추어 연마되거나 모양을 갖추는 '고무
찰흙' 같은 것이 아니다.[42] '성경의 비유를 풀어야 구원 받을 수 있다'
는 말은, 자기가 '이 시대의 구세주'라고 말하고 싶은 것을 성경을 빙
자하여 말하고 있을 뿐이다. 그런 주장은 성경의 비유의 목적과 상반
되는 것이다.

41) 장운철, 『이단들이 잘못 사용하고 있는 33가지 성경이야기』, 115.
42) R.C.Sproul, 『기독교의 핵심진리 102가지』, 58-59.

## 2. 시대급으로 본 하나님의 역사

### 1) JMS(정명석)의 주장

정명석은 시대를 삼시대(三時代)로, 즉 구약(舊約), 신약(新約), 성약(成約)으로 구분하고, 지금 이 시대는 성약시대라고 주장한다.[43] 삼시대론을 통해 지금 우리는 어느 시대에 살고 있는가를 알 수 있다는 것이다. 정명석이 삼시대론을 말하는 것은, 지금은 성약시대로서 예수가 재림 하여 새 시대가 열렸다는 것을 주장하기 위함이다.

〈표 1〉 삼시대 구분도표[44]

| 구약 | 신약 | 성약 |
|------|------|------|
| 4000년 | 2000년 | 1000년 |

그리고 삼시대에 대하여 시대마다 고유한 특성을 다음과 같이 설명하였다.

*외식하는 자여 너희가 천지의 기상은 분별할 줄 알면서 어찌 이 시*

---

43) 기독교복음선교회, 『실제 보는 강의안』, 202.
44) 정명석 원저, 안구현 편저『말씀조명자료집 비유론』,(서울:세계청년대학생MS연맹 기획실, 1991), 45.

*대는 분변치 못하느냐(눅12:56)*

## (1) 신앙성으로 본 시대구분

〈표2〉 신앙성으로 본 시대구분[45]

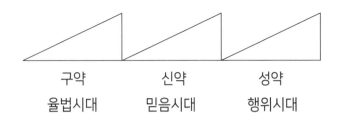

| 구약 | 신약 | 성약 |
|------|------|------|
| 율법시대 | 믿음시대 | 행위시대 |

① 구약 : 율법시대

구약은 모세에게 전한 십계명을 중심한 4천년 구약시대를 말한다. 구약시대를 통틀어 율법시대라고 말할 수 있다.[46]

② 신약 : 믿음시대

신약은 한마디로 말할진대 기다리던 자가 직접 나타나 하나님의 말씀을 선포할 때, 그 말씀을 믿고 따라가는 시대를 의미한다. 신약성경에는 믿음에 관한 성구가 무려 440회나 나올 정도로 믿음을 강조하고 있다. 이로 인하여 신약시대를 믿음시대, 복음시대, 은혜의 시대라고 부른다.[47]

---

45) 정명석 원저·안구현 편저『말씀조명자료집 비유론』, 55.
46) 정명석, 『비유론』, 19.
47) 정명석, 『비유론』, 19.

③ 성약 : 행위시대

성약은 마태복음 6장 9~13절의 예수님께서 가르치신 기도의 말씀과 같이 오리라 한 메시아가 이 땅에 와 뜻이 이루어지는 실체 지상천국의 시대이다. 이 시대를 행위시대, 실체시대라고 말한다.[48] 그러므로 7천년을 정리한다면 구약 4천년 율법시대, 신약 2천년 믿음시대, 새 섭리 천년 행위시대이다. 한 마디로 구약은 법을 받은 시기이고, 신약은 그 법을 마음에 믿은 시기이고, 성약은 그 법을 실천하는 시대로 세 시대로 구분할 수 있다.[49]

### (2) 관계성으로 본 시대 구분

<표3> 관계성으로 본 시대구분[50]

| 구약 | 신약 | 성약 |
|---|---|---|
| 주종시대 | 부자시대 | 신랑신부시대 |

① 구약 : 주종(主從)시대

구약은 종과 주인의 입장과 같은 섭리시대라는 뜻이다. 구약시대는 하나님을 '아버지'라 칭하지 못하고 오직 '종'의 입장에서 하나님을 주인으로 대해 왔던 것이며, 결국 구약시대는 시대적으로 애굽과 같

---

48) 정명석, 『비유론』, 19.
49) 정명석, 『비유론』, 20.
50) 정명석원저·안구현편저『말씀조명자료집 비유론』, 61.

은 종시대의 굴레를 벗어나지 못했다.[51]

② 신약 : 부자(父子)시대

신약시대는 아버지와 아들 관계 시대로서, 신약에서만 아들로 부른 것이 109회나 기록되어 있다.[52] 신약시대는 부자지간의 시대이다.

③ 성약 : 신랑신부시대

성약은 메시아로 오는 자는 신랑이고 기다리는 자들은 신부임으로, 지상천국이 주님의 재림으로 이루어질 때 주님과 우리들의 종교적 친분 관계는 애인적 관계, 즉 신랑과 신부의 시대가 된다.[53] 성약은 신랑신부의 시대이다.

### (3) 인식관으로 본 시대 구분

〈표4〉 인식관으로 본 시대 구분[54]

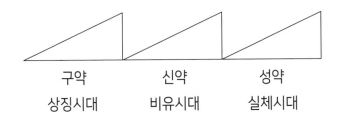

| 구약 | 신약 | 성약 |
|------|------|------|
| 상징시대 | 비유시대 | 실체시대 |

51) 정명석, 『비유론』, 20.
52) 정명석, 『비유론』, 21.
53) 정명석, 『비유론』, 21.
54) 정명석 원저·안구현 편저 『말씀조명자료집 비유론』, 81.

① 구약 : 상징시대

구약시대를 또 다른 방향으로 본다면 상징시대, 제물시대라고 부를
수 있다. 만물은 타락한 인간을 대신한 상징헌제였다. 아담 때부터 말
라기 때까지 그 어느 누구를 막론하고 제물을 통하여 하나님께 나아
갈 수 있었고, 제물을 드림으로써 죄를 자복했던 것을 알 수 있다. 구
약에서만도 번제로 표현된 성구가 192회 나오고 번제물로 기록된 성
구도 57회 수록되어 있다.[55]

② 신약 : 비유시대

신약시대 때 예수님은 마태복음 13장 34~35절의 말씀과 같이 비
유를 베풀어 창세 이후 감추인 비밀을 말씀하셨으며, 또한 비유를 들
어 수백 가지로 말씀하셨고 또 다시 많은 역사의 비밀을 비유로 남겨
놓고 가셨다. 특히 재림에 관해 마태복음 24장 29~31에서 인자가 구
름을 타고 강림한다고 한 것이나, 베드로후서 3장 7~13의 불 심판에
관한 것도 비유로 인봉해 놓고 가셨다. 이와 같이 많은 비밀된 것들을
비유로 말씀해 놓고 가셨으니 신약은 한마디로 '비유의 시대'라고 칭
할 수 있다.[56]

③ 성약 : 실체시대

성약시대는 신약시대 때의 비유가 그 어떤 것을 두고 말씀하는지
밝히는 시대이다. 유대교인들은 구약성경을 문자로 믿어 오신 예수

---

55) 정명석, 『비유론』, 22-23.
56) 정명석, 『비유론』, 24.

님을 못 맞이했으나, 제자들은 비유를 풀어 맞이했듯이, 이제도 신약
의 모든 비유들, 예를 들면, 불은 말씀으로, 구름은 사람으로 풀어 믿
는다면 또 다시 실수하지 않을 것이다.[57]

## 2) 반증

### (1) 삼시대론은 성경적인가?

성경에는 구약과 신약만 있다. 그러나 정명석은 구약, 신약, 성약이
라는 삼시대론을 주장한다.[58] 우리가 아는 바대로, 구약은 메시아가
어떤 사람이냐 함을 알리는 책이고, 신약은 그 메시아가 누구냐 함을
알려주는 책이라 할 수 있다.[59] 그러므로 구약이 문제라면 신약은 답
이고, 구약이 모형이라면 신약은 실체이다(히10:1). 이와 같이 성경
은 오직 구약과 신약, 이 두 언약과 두 시대만을 말하고 있다. 그러나
한국에서 자기를 재림예수라든가 보혜사 성령이라고 주장하는 이단
의 교주들은 전부 삼시대를 주장하고 있다. 이 같은 주장을 삼시대론
이라고 한다. 삼시대론은 이단의 교주들이 자기를 세 번째 시대의 메
시아라고 주장하기 위해 만들어낸 교리이다.

### ① 교회사에 나타난 최초의 삼시대론

12세기에 로마 천주교회의 역사관에 혁명적인 영향을 준 요아킴
(Joachim of Fiore, 1132-1202)은 역사 전체를 삼시대로 나누어서,

---

57) 정명석, 『비유론』, 24.
58) 기독교복음선교회, 『실제 보는 강의안』, 202-215.
59) 김정준, 『구약성서의 이해』 (서울: 평민사, 1983), 19.

성부의 시대와 성자의 시대, 그리고 성령의 시대로 명명하였다. 그리고 제삼시대인 성령의 시대가 1260년에 이미 시작되었다고 했으며, 이 새 시대가 시간의 마지막 때까지 계속된다고 했다. 성령시대가 시작되면서 천년왕국이 시작되는 것이다.

그러나 요아킴의 삼시대론은 실질적으로 예수가 재림해서 이루어야 할 모든 것을 제삼시대, 즉 성령시대가 다 해결해 줌으로써 예수의 재림에 대한 소망을 약화시키고 말았다.[60]

그와 같이 오늘 이단들의 삼시대론은 사실상 요아킴의 삼시대론의 재탕에 불과하다.

② 삼시대론을 주장하는 이단들

한국 최초의 삼시대론자는 1934년의 백남주이다. 다음은 주요 이단들의 삼시대를 구분하는 표현들이다.[61]

백남주는 구약시대-〉 신약시대-〉 새 생명의 시대, 문선명과 정명석은 구약시대-〉 신약시대-〉 성약시대, 이만희는 구약시대-〉 신약시대-〉 계시록시대, 안상홍은 구약시대-〉 신약시대-〉 종말론 시대, 중국산(産) 이단인 전능신교의 양향빈은 구약시대-〉 신약시대-〉 국도(國道)시대라고 한다.

삼시대론을 주장하는 사람들은 자기가 새 메시아로 왔기 때문에 새 시대가 시작되었다고 알리는 것이고, 그것이 바로 삼시대론이다.

---

60) 이종성, 『조직신학개론』 (서울: 종로서적, 1984), 224.
61) 진용식, 『무료성경신학원 이만희의 실체는?』, 18.

〈표 5〉 삼시대 비교표

| 번호 | 이름 | 삼시대 명칭 비교 | | |
|---|---|---|---|---|
| 1 | 백남주 | 구약시대 | 신약시대 | 새 생명의 시대 |
| 2 | 문선명 | 구약시대 | 신약시대 | 성약시대 |
| 3 | 정명석 | 구약시대 | 신약시대 | 성약시대 |
| 4 | 이만희 | 구약시대 | 신약시대 | 계시록시대 |
| 5 | 안상홍 | 구약시대 | 신약시대 | 종말론시대 |
| 6 | 양향빈 | 구약시대 | 신약시대 | 국도시대 |

③ 계시의 종결성

인간을 구원하기 위한 특별계시는 성경으로 종결되었다. 더 이상 특별계시는 없다. 요한계시록 22장 18~19절에 성경에 기록된 것 외에 새로운 것을 더하거나 빼면 재앙과 저주를 받는다고 말씀하셨기 때문이다. 그러므로 기록된 성경 외에 다른 계시는 없다.

내가 이 두루마리의 예언의 말씀을 듣는 모든 사람에게 증언하노니 만일 누구든지 이것들 외에 더하면 하나님이 이 두루마리에 기록된 재앙들을 그에게 더하실 것이요 만일 누구든지 이 두루마리의 예언의 말씀에서 제하여 버리면 하나님이 이 두루마리에 기록된 생명나무와 및 거룩한 성에 참여함을 제하여 버리시리라(계22:18-19)

④ 복음의 유일성

주 예수 그리스도 외에 다른 구원자는 없다. 그러므로 새 구원자, 새 계시, 새 복음, 새 성경은 없다.

예수께서 이르시되 내가 곧 길이요 진리요 생명이니 나로 말미암지 않고는 아버지께로 올 자가 없느니라(요14:6)

다른 이로써는 구원을 받을 수 없나니 천하사람 중에 구원을 받을 만한 다른 이름을 우리에게 주신 일이 없음이라 하였더라(행4:12)

다른 복음은 없나니 다만 어떤 사람들이 너희를 교란하여 그리스도의 복음을 변하게 하려 함이라 그러나 우리나 혹은 하늘로부터 온 천사라도 우리가 너희에게 전한 복음 외에 다른 복음을 전하면 저주를 받을지어다.(갈1:7-8)

⑤ 신약 성경에 예언되지 않은 성약

신약은 구약성경에 그 출현이 예언되어 있었다. 예레미야 31장 31절에 "여호와의 말씀이니라 보라 날이 이르리니 내가 이스라엘 집과 유다 집에 새 언약을 맺으리라"고 하였다. 그래서 구약 다음에 신약이 나올 것으로 예언에 되어있었지만, 성약에 대해서는 어떤가? 신약성경에 성약에 관한 예언이 전혀 없다.

정명석처럼 삼시대의 성약을 주장하려면 신약성경에 성약의 출현에 관한 예언이 나와 있어야 한다. 그러나 성약에 대해서는 나오지 않았을 뿐만 아니라, 오히려 '다른 복음은 없나니'(갈1:7)라고 하였고, "이것들 외에 더하거나 빼면 저주를 받으리라"(계22:18-19)고 천명하셨다. 성약이란 새 복음, 새 시대는 성경적으로 맞지 않다.

⑥ 모형으로서의 구약과 실체로서의 신약

모형이란 말은 원래 무엇인가를 부드러운 표면에다 눌러서 찍는 일

과 관련된 단어에서 유래했다.[62] 가장 좋은 예는 타자 칠 때 키가 종
이를 치면 인쇄 자국을 남긴다. 따라서 모형은 미래적인 어떤 것, 훗
날 더 온전히 실현될 어떤 것을 상징한다. 신약성경은 구약성경의 여
러 모형들이 원형으로 실현된 사례들을 보여준다.

아담은 오실 자의 모형이고, 예수님은 오신 실체이다(롬5:14). 성
막은 성육신을 통한 하나님의 임재에 대한 예수님의 모형이다. 한 마
디로 성막은 예수님의 모형이다. 사실 이스라엘 자체도 그리스도의
모형이다. 여러 가지 이유 중 하나는, 이스라엘이 애굽으로부터 벗어
났듯이 예수님도 아기 때 헤롯왕의 학살을 피해 애굽으로 피신했다
가 그 부모에게 임한 천사의 메시지에 따라 이스라엘로 돌아가셨다
는 것이다(마2:13~15, 19~21). 마태는 "내 아들을 애굽에서 불러냈
거늘"이라는 호세아 11장 1절을 인용했다(마2:15). 그 문구는 원래
이스라엘에게 적용된 것이었지만 마태는 예수님께 적용했다. 이와
같이 구약과 신약은 모형과 실체관계이다.

신약성경은 구약성경에 대해 올바르게 해석할 수 있게 해주는 열
쇠이다.[63] 성경은 모형으로서 구약의 아담, 그리고 실체로서 신약
의 예수님으로 끝난다. 그러므로 새 예수, 새 복음은 없다. 누가 자기
를 '세 번째 사람'이라고 한다거나 '세 번째 아담'이라고 주장한다면 그
가 바로 적그리스도이다. 왜냐하면 성경에 예수님을 두 번째 사람(고
전15:47)이자, 마지막 아담(Last Adam)이라고 했기 때문이다(고전
15:45). 누가 자기를 세 번째 시대의 새 지도자로 말하는 순간 성경

---

62) R. C. Sproul, 『언약』.167-168.
63) 대한예수교장로회총회 이단·사이비피해대책조사연구위원회, 『개혁신학 요한계시록
해석』,(서울: 총회교육진흥국, 2016), 43.

을 벗어나게 되는 것이다.

　결론적으로, 삼시대론은 성경에 전혀 근거가 없다.[64] 그럼에도 불구하고 누가 삼시대론을 진리인양 주장한다면, 자기를 새 시대의 주인공이라고 신격화하기 위함이다. 삼시대론을 주장하는 사람들은 자기가 재림예수라고 주장하기 위해 미리 낚시 밥을 던지는 것과 같다.

### (2) 신앙성으로 본 시대구분?

　정명석은, 구약은 율법시대, 신약은 믿음(은혜)시대, 성약은 실천시대라고 한다. 과연 그러한가? 이와 같이 삼시대로 나눈다는 것 자체가 이미 비 진리이지만 좀 더 살펴보기로 한다.

　정명석은 구약 4천년은 율법시대, 신약 2천년은 믿음시대, 성약은 1천년 행위시대라고 구분하였다.

　그러나 신약 2천년은 무엇을 근거로 해서 나온 것인가? 그리고 어떻게 구약은 율법시대, 신약은 믿음시대, 성약은 행위시대 라고 명명할 수 있는가? 이러한 시대구분은 다음과 같은 이유들로 인해서 부결된다.

### ① 율법은 구약시대만 해당되는가?

　정명석은 매우 그릇된 율법관을 갖고 있다. 왜냐하면 지금까지의 율법시대는 끝났고 다른 시대가 도래 했다는 즉 세대주의적 율법관을 갖고 있기 때문이다.

　율법은 넓은 의미로 성경전체, 중간적 의미로 모세 오경, 좁은 의미

---

64) 진용식, 『무료성경신학원 이만희의 실체는?』, 20.

로 십계명을 가르치고 있다. 가장 좁은 의미에서 율법은 하나님이 이스라엘과 맺은 언약인 십계명이다. 율법은 제사법적 차원과 시민법적 차원, 그리고 도덕법적 차원이 있다. 제사법은 금식과 침례(세례), 할례, 유월절, 정결법, 십일조 등과 관계되는 것이고, 시민법은 소송 문제, 안식일, 결혼, 노동과 같은 신자들의 국가에 대한 책임을 다룬다. 도덕법은 안식일을 제외한 십계명을 가리키는 것으로 이해할 수 있다.[65]

십계명으로 대표되는 도덕법은 구약시대에나 신약시대나 언제든지 타당하게 적용되는 영구불변의 항존법(恒存法)이다. 제사의식 법은 신약시대에 적용되지 않는다. 예수 그리스도께서 단번에 영원한 희생 제사를 드렸기 때문이다. 시민법도 폐하여졌다. 그러나 도덕법은 신약에 와서 더욱 굳게 세워졌다(마5:19; 롬3:31). 신약에서 율법은 예수님의 새로운 가르침으로 흡수, 통합되었다.[66]

그러나 정명석은 율법을 설명할 때 하나님과 인간 사이의 역학적 관계 속에서 이해하지 않고 존재론적으로 설명하는 잘못을 범하고 있다. 정명석처럼 시대를 율법시대, 믿음시대, 행위 시대로 나누게 되면, 지금 이 시대(성약시대)는 율법시대도 아니고, 믿음시대도 아니고, 새 시대가 도래 했으니 도덕법으로서의 율법은 더 이상 지킬 필요가 없는 것이 되어 버린다. 정명석의 말대로 하면, 율법은 구시대의 유물이기 때문에 더 이상 지키지 않아도 되고, 자기는 매순간마다 직

65) 정동섭, "세대주의와 이단" 『교회와 신앙』, 2016년 12월 3일자. http://www.amennews.com/news/articleView.html?idxno=14037 2017년 9월 23일 접속
66) 정동섭, "세대주의와 이단" 『교회와 신앙』, 2016년 12월 3일자. http://www.amennews.com/news/articleView.html?idxno=14037 2017년 9월 23일 접속

통계시 받았다고 하면서 자기 맘대로 행동하면, 누구라도 율법폐기론자(혹은 무법방종주의자)가 되는 것이다.

율법에는 3가지 용도가 있다.[67] 첫째로 악을 제거하는 시민적 용도가 있다. 이것은 죄인으로 하여금 죄를 깨닫게 하므로, 사회질서를 유지하는 기능을 한다. 둘째는 신학적, 영적 용도이다. 이것은 우리의 죄와 비참함을 인식하도록 가르치는 용도로서, 율법은 죄를 책망하고 예수를 찾도록 하는 몽학선생의 기능을 한다. 셋째로 규범적 용도가 있다. 이것은 누구든지 거듭나면 율법을 지켜 예수 그리스도의 형상을 닮을 수 있도록 기능한다. 율법의 세 번째 용도는 거듭난 자로 하여금 하나님의 형상을 닮게 하는 것이다.

구원파는 율법과 종교(구원파는 일반 기독교를 종교라고 부른다－필자 주)에서 해방되는 것이 구원이라고 가르친다. 구원파 출신의 정동섭 교수에 의하면 "구원파는 일단 구원을 받으면 율법과 종교에서 해방 받았기 때문에 율법을 지킬 필요가 없다"[68]고 가르친다고 한다. 그래서 구원파를 율법폐기론자(무법방종주의자)라고 부른다.[69]

그러나 우리는 율법의 형벌과 저주로부터 해방 받은 것이지, 그 교훈과 도덕률로부터 해방 받은 것은 아니다. 예수님은 "내가 율법이나 선지자를 폐하러 온 줄로 생각하지 말라 폐하러 온 것이 아니요 완전하게 하려 함이라"(마5:17)고 하셨다. 혹자는 이것을 근거로 구약 율법이 폐지되지 않았다고 주장하지만 그것은 오해이다. 예수님의 이

---

67) 권호덕, 『율법의 세가지 용도와 그 사회적 적용』 (서울: 그리심, 2003), 52-100.
68) 정동섭 "세대주의와 이단" 『교회와 신앙』, 2016년 12월 3일자. http://www.amennews.com/news/articleView.html?idxno=14037 2017년 9월 23일 접속
69) 진용식, 『구원파는 과연?』 (서울: 백승, 2011), 24.

말씀은 율법의 형식(껍데기)은 폐기되고 율법의 본질(알맹이)이 완성되었다는 의미다.[70] 한 마디로 율법의 완성적 폐지라고 할 수 있다. 다음 그림에서 그 의미를 잘 알 수 있다.

〈 그림 1〉 형식과 본질[71]

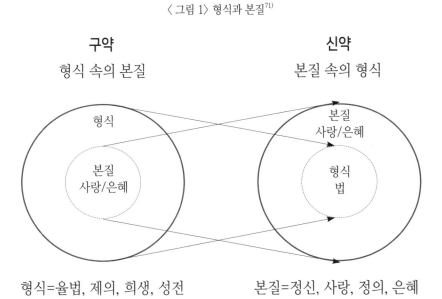

형식=율법, 제의, 희생, 성전          본질=정신, 사랑, 정의, 은혜

JMS 정명석도 구원파와 같이 율법폐기론자(무법방종주의자)로 분류될 수 있다. 왜냐하면 구원파는 십자가에서 율법이 폐해졌다고 하면서 율법을 무시하게 되었고, 정명석은 율법시대가 끝났고 시대가

---

70) 김경열, 『레위기의 신학과 해석』 (서울: 새물결플러스, 2017), 62.
71) 김경열, 『레위기의 신학과 해석』, 63

바뀌어 구원받는 방법이 달라졌다고 하면서(율법은 안 지켜도 되기 때문에) 율법을 무시하기 때문이다. 그러나 성경에서 율법이 폐해졌다고 말할 때는 그 율법이 구약의 이스라엘에게 해당하는 경우에 한해서다.[72]

아이러니 하게도 정명석 자신은 율법폐기론자(무법방종주의자)처럼 행동하면서도 정작 회원들에게는 철저한 율법주의적 윤리관을 요구하는 이중성을 띤다. 정명석 자신은 완성한 아담이라 죄와 상관없기 때문에 율법의 요구에서 벗어났지만, 회원들에게는 아직 미성숙한 상태이므로 '하나님처럼 완전히 성장하라'고 요구하기 때문이다.[73] 이같이 철저한 율법주의적 윤리실천을 강요하는 것은 회원들을 묶어두고 통솔하기에 유리하기 때문이리라.

구약에서 이스라엘 백성에게 주셨던 모세의 율법은 십자가로 폐한 것이 분명하다. 예를 들어, 할례나 제사제도나 절기 등의 제사법이나 시민법에 관련된 율법이 폐해졌기 때문에 오늘날 우리는 그러한 규례를 따르지 않는다. 그러나 모세 율법의 일부분인 도덕적인 윤리규범은 신약에 와서 오히려 강화되었다.

예를 들어, 구약에서 간음하지 말라는 말씀은 신약에서 "음욕을 품고 여자를 보는 자마다 마음에 이미 간음하였느니라"(마5:28)고 강화되었다. 그리스도인은 구원받기 위해 율법을 행하는 것이 아니라 구원받았기에 율법을 행하는 것이다. 율법의 도덕법적 명령까지 폐기처분해서는 안 된다. 어느 시대를 막론하고 간음은 죄이고, 거짓말

---

72) 정동섭 "세대주의와 이단" 『교회와 신앙』=14037. 2017년 9월 23일 접속. http://www.amennews.com/news/articleView.html?idxno=14037 2017년 9월 23일 접속.
73) 기독교복음선교회, 『실제보는 강의안』, 176-177.

도 죄이다.

② 율법과 믿음(은혜)과 행위

정명석은 구약은 율법시대, 신약은 믿음(은혜)시대, 성약은 행위(실천)시대라고 명명하였다. 참으로 위험하기 그지없는 시대구분이다. 그의 주장에 의하면, 지금의 성약시대는 율법시대도 아니고 믿음시대도 아니고 행위(실천)시대이다. "실천! 실천!"을 강조하면서, 율법과 복음의 통제를 받지 않고, 매순간마다 직통계시 받아서 자기 맘대로 실천한다면 누구라도 그 사람은 필시 독불장군과 안하무인의 율법폐기주의자(무법방종주의자)가 되기 마련이다. 정명석의 도덕적 타락은 바로 이와 같은 잘못된 시대구분에서 비롯된 것이다. 새 시대가 오면 율법과 작별하는가?

율법은 하나님이 택하여 구원하신 백성들에게 삶의 원리가 된다. 십계명을 요약하면, "하나님을 사랑하고, 이웃을 사랑하라"는 것이다. 예수님의 계명도 "서로 사랑하라"(요13:34)는 것이다. 그리고 예수님께서 오신 것은 율법을 완전케 하려고 오셨다고 하셨으니, 율법과 복음은 적대관계가 아니라 하나이다.

구원은 은혜로 받고 구원은 취소되지 않는다는 가르침은 자칫 그리스도인들로 하여금 구원받았다는 안도감이 삶의 변화를 이끌어 내지 못하는 신도들을 양산한 측면이 없지 않다. 신약에서도 율법은 구원받은 성도들의 성화를 위해 삶의 원리로 기능한다. 그러므로 그리스

도인들은 율법과 작별인사하면 안 된다.[74]

　다음은 '믿음시대'에 대하여 따져보자. 정명석은 신약시대를 믿음시대라고 명명하였다. 그러나 신약시대만 '믿음시대'인가? 사실 믿음은 구약시대 사람들에게도 필요한 것이었다. 아브라함이 언제 하나님께 의롭다 하심 받았는가? 창세기 15장 6절에서 "아브람이 여호와를 믿으니 여호와께서 이를 그의 의로 여기시고"라고 하였다. 히브리서 11장에는 구약시대의 신앙의 영웅들을 열거하면서 '그들은 믿음으로 살았다'고 증거 하였다. 신약시대에 사는 사람이라도, 구원받았음에 감사함으로 자발적으로 율법에 순종해야 하고, 역으로 구약시대의 신앙의 조상들도 율법으로가 아니라 믿음으로 의롭다 함 받았던 것이다. "의인은 오직 믿음으로 살리라"는 종교개혁의 캐치프레이즈도 실상은 구약 선지자 하박국을 통해 주신 말씀이었다(합2:4). 그러므로 신약시대만을 믿음시대라고 명명할 수 없다.

　정명석은 신약시대를 '은혜시대'라고도 명명 하였다. 그러나 신약시대만을 은혜시대라고 따로 명명할 수 있는가? 하나님의 은혜는 어느 특정시대만 필요한 것이 아니다. 하나님께서 모세를 통하여 율법을 주시기 전에, 그때 사람들은 무엇에 근거하여 살았을까? 그것은 바로 '하나님의 은혜'였다. 아담도 은혜아래 있었으며, 노아도 은혜아래 있었고(창6:8), 아브라함도 그러했다.[75] 신약시대만 은혜의 시대가 아니라, 구약도 하나님의 은혜로 살았고, 앞으로도 하나님의 은혜로 산다. 우리는 어느 시대고 하나님의 은혜가 아니면 하루도 살 수

74) 정동섭 "세대주의와 이단" 『교회와 신앙』, 2016년 12월 3일자. http://www.amennews.com/news/articleView.html?idxno=14037 2017년 9월 23일 접속.
75) M. R. Dehaan, 『갈라디아서 강해』, 김창엽 역 (서울: 그리인, 1989), 138.

없는 존재들이다(행14:17). 그래서 신약시대만 은혜시대라고 명명할 수 없다. 신구약을 막론하고, 심지어 천국에서도 우리는 다 하나님의 은혜로 산다. 그러므로 신약시대만을 따로 은혜시대라고 명명하는 자체가 넌센스이다.

다음은 실천(행위)시대에 대하여 살펴보자. 정명석은 성약시대를 행위(실천)시대라고 명명하였다. 그러나 행위(실천)도 어느 특정 시대만 하는 것이 아니다. 구약시대 사람들도 실천하지 않았는가? 구약의 아브라함도 이삭을 바치라고 할 때 바쳤고, 출애굽하기 전 이스라엘 백성들은 양(羊)을 잡으라고 할 때 양을 잡았고, 홍해를 건너라고 할 때 홍해를 건넜다. 여리고 성을 돌라고 할 때 돌았다. 행위(실천)시대라고 따로 존재하는가? 행위(실천)은 어느 시대고 항상 필요하다. 신약시대에도, 야고보는 행함이 없는 믿음은 그 자체가 죽었다고 하면서 행함(실천)을 강조하였다. 그리스도인이라면 당연히 실천하기를 힘써야 하는 것이다. 믿음시대 따로 있고, 실천 시대 따로 있는 것이 아니다.

신약성도들만 믿음으로 사는 것이 아니고, 구약성도들도 믿음으로 살았고, 구약성도들만 율법을 지키는 것이 아니고, 신약성도들도 율법을 자발적으로 행해야한다. 믿음과 실천은 동전의 양면처럼 한 묶음으로 같이 가는 것이지, 시대별로 믿음시대와 행위(실천)시대로 나눌 수 없다.

### (3) 관계성으로 본 시대구분?

정명석은, '구약은 주종시대, 신약은 부자시대, 성약은 신랑신부시대'로 나누었다. 이렇게 기계적으로 나누는 것이 가능한가? 불가능하다. 왜냐하면 명칭은 개인과 상황에 따라 다르고, 사역의 각도에 따라 다르기 때문이다. 시대마다 달라지는 것이 아니다.

① 구약시대에도 하나님과 이스라엘 백성은 부자지간이었다.

정명석은 구약시대는 하나님을 '참 아버지'라 부르지 못한 채 오직 종 된 입장에서 대해 왔으며, 시대적으로도 애굽의 종과 같은 굴레를 벗어나지 못하였다고 하였다. 그러나 구약시대에도 하나님과 이스라엘은 부자지간이었다.

> 어리석고 지혜 없는 백성아 여호와께 이같이 보답하느냐 그는 네 아버지시요 너를 지으신 이가 아니시냐 그가 너를 만드시고 너를 세우셨도다(신32:6)
> 그러나 여호와여, 이제 주는 우리 아버지시니이다 우리는 진흙이요 주는 토기장이시니 우리는 다 주의 손으로 지으신 것이니라(사64:8)
> 우리는 한 아버지를 가지지 아니하였느냐 한 하나님께서 지으신 바가 아니냐 어찌하여 우리 각 사람이 자기 형제에게 거짓을 행하여 우리 조상들의 언약을 욕되게 하느냐(말2:10)

그리고 구약의 말라기 1장 6절에는 하나님을 아버지라고도 하고 주인이라고도 했다. "...내가 아버지일진대 나를 공경함이 어디 있느냐 내가 주인일진대 나를 두려워함이 어디 있느냐..." 그러므로 구약은 주종시대, 신약은 부자시대 라고 칼로 두부 자르듯 나누기 곤란하다.

　② 구약시대에도 하나님과 이스라엘 백성은 이미 '신랑신부'지간이
었다.

　　이는 너를 지으신 이가 네 남편이시라 그의 이름은 만군의 여호와
　　이시며 네 구속자는 이스라엘의 거룩한 이시라 그는 온 땅의 하나님
　　이라 일컬음을 받으실 것이라(사54:5)
　　여호와의 말씀이니라 배역한 자식들아 돌아오라 나는 너희 남편
　　임이라 내가 너희를 성읍에서 하나와 족속 중에서 둘을 택하여 너희
　　를 시온으로 데려오겠고(렘3:14)

　③ 신약시대에도 아들뿐만이 아니라'종'이라고도 했다.
　신약시대에도 구원받은 성도들을 '아들'이라고 했을 뿐만 아니라,
'종'이라고 표현하기도 하였다. 심지어 예수님을 '종'이라고도 하였다.

　　보라 나의 택한 종 곧 내 마음에 기뻐하는바 내가 사랑하는 자로다
　　내가 내 영을 그에게 줄 터이니 그가 심판을 이방에 알게 하리라(마
　　12:18)
　　아브라함과 이삭과 야곱의 하나님 곧 우리 조상의 하나님이 그의
　　종 예수를 영화롭게 하셨느니라 너희가 그를 넘겨주고 빌라도가 놓
　　아 주기로 결의한 것을 너희가 그 앞에서 거부하였으니(행3:13)
　　손을 내밀어 병을 낫게 하시옵고 표적과 기사가 거룩한 종 예수의
　　이름으로 이루어지게 하옵소서 하더라(행4:30)

사도들과 바울도 자신들을 종(들)이라고 했다. 사도행전 4장 29절에서 "주여 이제도 그들의 위협함을 굽어 보시옵고 또 종들로 하여금 담대히 하나님의 말씀을 전하게 하여 주시오며"라고 하였다. 야고보의 형제이자 예수님의 동생이었던 유다도 자신을 "예수 그리스도의 종이요 야고보의 형제인 유다"(유1:1)라고 하였다. 그러므로 구약시대만을 주종시대라고 할 수 없다. 바울도 자기를 종이라 하였다. 그러므로 종은 정명석의 시대구분처럼 경멸적인 의미가 아니라 하나님의 충성스러운 사명자임을 나타내기 위한 것이다.

> 그리스도 예수의 종 바울과 디모데는 그리스도 예수 안에서 빌립보에 사는 모든 성도와 또한 감독들과 집사들에게 편지하노니(빌1:1)
>
> 하나님의 종이요 예수 그리스도의 사도인 바울이 사도 된 것은 하나님이 택하신 자들의 믿음과 경건함에 속한 진리의 지식과(딛1:1)

④ 신약 성경에 예수님과 교회를 신랑신부로 묘사하였다.

정명석은 성약시대라 하는 신랑신부 시대가 따로 있는 것으로 말했으나, 그렇지 않다. 신약성경에서 이미 예수 그리스도는 신랑, 교회는 신부로 묘사하고 있기 때문이다. 그러므로 신약의 예수님과 교회는 이미 신랑신부이다.

> 예수께서 그들에게 이르시되 혼인집 손님들이 신랑과 함께 있을 때에 금식할 수 있느냐 신랑과 함께 있을 동안에는 금식할 수 없느

*니라 그러나 신랑을 빼앗길 날이 이르리니 그 날에는 금식할 것이니*
*라(막2:19-20)*
  *그러므로 사람이 부모를 떠나 그 아내와 합하여 그 둘이 한 육체가*
*될지니 이 비밀이 크도다 나는 그리스도와 교회에 대하여 말하노라*
*(엡5:31-32)*

위에서 살펴보았듯이, 신약시대에도 예수님을 종이라 하였고 사도
들과 바울도 스스로를 종이라 했다. 이는 정명석의 주장과는 반대되
는 것으로, 구약에서도 이스라엘을 아들이라 했고, 신약에서는 어떤
때는 예수님도 종이라 했으니 어찌 구약은 주종시대, 신약은 부자시
대라고 단순화 할 수 있는가? 상속과 유업을 말할 때는 구약시대에도
아들이라 한 것이고, 사역관계를 말할 때는 예수님과 사도들도 종이
라 불렀던 것이다. 그리고 친밀함을 말할 때는 신구약을 막론하고, 신
랑신부로 묘사했다. 그래서 구약에서도 이스라엘 백성들이 우상 숭
배하는 것을 음행이라고 하였다. 그것은 하나님이 남편이기 때문에,
우상숭배는 음행이 되는 것이다. 그리고 신약에서 예수님과 교회를
말할 때에, 그 하나 됨의 관계성을 이미 신랑신부로 표한 것이다. 구
약은 주종시대, 신약은 부자시대, 성약은 신랑신부 시대라고 규정하
는 것은 엉뚱하기 그지없다.

게다가 정명석은 성약 시대는 신랑신부의 시대이고, 지금은 실천할
때라고 하면서 육적 사랑(에로스 사랑-필자 주)까지 포함해야 한다
고 주장했다.[76] 하나님을 사랑하라고 하면서 이 시대 성자(정명석-필

---

76) 정명석, "마음과 뜻과 목숨을 다해 하나님을 사랑하라", 2017년 11월 5일 주일설교

자 주)를 사랑해야 한다는 교리는 결국 성 범죄를 불러일으킨 교리적 근거로 작용하였다. 성경에서 신랑과 신부의 관계는, 구약시대에는 하나님과 이스라엘 백성의 관계성을, 신약시대에는 예수그리스도와 교회의 관계성을 말하는 것이었다.

### (4) 인식관으로 본 시대구분?

정명석은 '구약은 상징시대, 신약은 비유시대, 성약은 실체시대'라 하였다.

### ① 구약이 상징시대, 제사시대인가?

정명석은 동물의 희생 제사를 인간을 대신한 상징제사라 하며 구약시대에 제사를 드렸으니 구약시대를 상징시대, 제사시대라고 하였다. 하지만 상징은 신약시대에도 있다. 그것은 다름 아닌 십자가이다. 십자가는 예수 그리스도의 희생 제사를 상징하는 대표적인 상징물이다. 혹자는 십자가를 우상이라 비난한다.[77] 그러나 십자가는 우상이 아니라 예수 그리스도의 구속을 상징하는 상징물이다. 이와 같이 상징은 구약에만 있는 것이 아니라 신약에도 있다.

그리고 구약시대에만 제사가 있는가? 구약시대의 동물의 피를 통한 제사는 모형적 제사였다면, 예수님의 십자가에서의 죽으심은 하나님께서 기뻐 받으신 진정한 제사였다(히10:5~14). 그리스도인들이 그 예수 보혈의 복음을 전하며 예배드리는 것은 '성령과 진리'로 예배하는 신령한 제사이다(요4:23~24).

---

77) 김주철, 『내 양은 내 음성을 듣나니』 (서울: 멜기세덱 출판사, 2006), 40-46

그럼에도 불구하고, 구약시대를 굳이 분리하자면 '상징시대, 제사시대'로 분류는 할 수 있을 것이다. 구약에서 상징을 찾아본다면, 모세의 놋 뱀 사건은 예수님의 십자가를 상징하는 것이었다. 아론의 양 어깨에 매달린 두 보석(홍옥수)도 이스라엘지파를 상징하는 것이었다(출28:12). 그런 의미로 구약시대를 '제사시대, 상징시대'라고 할수는 있을 것이다.

② 신약이 비유시대인가?

정명석은 신약시대를 '비유시대'라 명명하였다.[78] 특히 이것이 문제가 된다. 정명석은 마태복음 24장 29~31절에서 인자가 구름을 타고 온다고 한 재림에 대한 예언이나 베드로후서 3장 7~13절의 말세에 있을 불 심판에 대한 예언을 문자대로 믿지 않고, 그 예언들이 비유로 인봉되어 있으니 비유를 풀어야 한다고 주장한다. 그래서 신약을 '비유시대'라고 명명했다. 과연 그러한가? 신약시대가 어찌 비유시대인가? 신약성경에 간혹 비유로 기록되어 있는 부분도 있지만, 대부분의 기록은 문자적 의미이다. 신약시대는 비유시대라고 명명할수 없다.

심지어 구약성경에도 비유가 다수 존재한다. 나단이 다윗의 음행을 지적할 때도 양의 비유를 통해서 지적하였다(삼하12:1~15). 스가랴 선지자의 두 감람나무는 기름부음 받은 두 사람에 대한 비유였다(슥4:1~14). 그 외에 이사야, 에스겔, 예레미야 선지자 등도 종종 비유를 통하여 메시지를 전하였다.

---

78) 정명석, 『비유론』, 24

신약성경에도 비유가 다수 존재한다. 그렇다고 하더라도 신약시대는 비유시대라고 단정적으로 말할 수 없다. 왜냐하면 성경의 수많은 기록들은 대부분은 문자 그대로 읽어야 한다. 구약성경에서도 예수님에 대한 예언은 문자 그대로 다 이루어졌다.

예를 들면, 메시아가 '베들레헴에서 태어나리라'고 하셨는데(미5:2), 문자 그대로 베들레헴에 태어나셨다. 예수님은 '처녀에게서 태어나리라'(사6:14)고 예언되었는데, 문자 그대로 처녀에게서 탄생하셨다. 그리고 예수님은 '뼈가 하나도 꺾이지 않으리라'(시34:20)고 예언 되었는데, 역시 십자가상에서 뼈가 하나도 꺾이지 않으셨다(요19:36).

또 예수님의 옷에 대하여 '내 겉옷을 나누며 속옷을 제비 뽑으리라'(시22:18)고 예언되어 있는데, 실제로 예수님께서 돌아가실 때 로마 군인들이 예수님의 옷을 제비 뽑아서 가져갔다(요19:24). 예수님은 '은 30냥에 팔리실 것'으로 예언되어 있는데(슥11:12), 실제로 은 30냥에 팔리셨다. 무엇이 비유로 인봉되었다는 말인가?

특히 주목할 것은 스가랴 9장 9절에 "보라 네 왕이 네게 임하시나니 그는 공의로우시며 구원을 베푸시며 겸손하여서 나귀를 타시나니 나귀의 작은 것 곧 나귀새끼니라"고 예언되어 있다. 과연 예수님께서 무엇타고 예루살렘에 입성하셨는가? 비유가 아니고, 문자 그대로 어린 나귀새끼 타고 입성하셨다(마21:7). 초림 때도 나귀새끼 타고 오신다고 하셨는데 문자 그대로 나귀새끼 타고 오셨듯이, 재림 때도 문자 그대로 이루어진다. 재림 때는 구름타고 오신다고 하셨으니(행1:11), 그대로 구름타고 오시는 것이다. 간혹 성경이 비유로 쓰여 진

곳이 있다손 치더라도, 성경전체가 비유로 인봉되어 있다고 하면 거짓말을 하는 것이 된다. 실제 문자적 의미를 비유로 풀면 성경의 역사성은 훼손되고, 기독교는 거짓 종교로 전락해 버리고 만다.

초대교회 때 예수님께서 육체로 오신 것이 아니라, 육신으로 온 것처럼 보이는 환영(幻影)이라고 주장한 가현설(假現設)이 있었다.[79] 사도요한은 그들을 적그리스도요 거짓말쟁이들이라고 하였다(요일 4:2~3, 요이1:7). 왜냐하면 만약 가현설의 주장대로 예수님께서 실제로 육신이 오신 것이 아니라고 하면, 기독교의 역사성은 사라진다. 기독교 복음의 핵심인 예수님의 십자가와 부활도 전부 무의미하게 되고, 기독교는 그야말로 실체가 없는 환상(幻想)의 종교로 전락하고 만다.

마찬가지로, 성경이 비유로 되어 있다고 하면, 성경에 기록된 하나님의 전능성과 예수님의 신성이 사라지고 기적도 다 사라진다. 더불어 성경도 거짓말 책으로 전락하고 만다.

성경은 절대로 비유로 봉함된 책이 아니다. 비유는 부분적으로 구약성경에도 있고, 신약성경에도 있으나, 대부분은 문자적 기록이다. 그런데 어찌 신약시대를 비유시대라 할 수 있는가? 불가하다.

정명석은 '예수님께서는 구약의 비유는 풀어주고, 가실 때는 비유로 인봉해 놓고 가셨다'고 주장하나 그렇지 않다. 예수님께서 비유로 말씀하심은 시편78편 2절의 "내가 입을 열어 비유로 말하고 창세부터 감추인 것들을 드러내리라"( I will open my mouth in parables, I

79) Roland H. Bainton, 『기독교의 역사』, 이길상 역 (서울: 크리스챤다이제스트, 1977). 73-74.

will utter things hidden since the creation of the world.)고 한 예언을 이룬 것이라고 하였다(마13:35). 그러므로 창세 이후 감추인 것들을 비유로 풀어준 것이다. 비유로 드러내었다고 하셨으니, 비유로 인봉(印封)한 것이 아니고, 비유로 개봉(開封)한 것이다.

신약성경은 간혹 듬성듬성 비유로 설명되어 있을 뿐이지, 신약성경 전체가 비유로 인봉되어 있다는 말은 완전히 틀린 말이다. 신약시대는 '비유시대'라 명명할 수 없다. 성경은 비유로 인봉된 책이 아니다. '비유시대'는 따로 존재하지 않는다.

③ 신약시대가 바로 실체시대이다.

정명석은 시대를 삼시대로 분류한 후, 신약시대 이후를 성약시대라고 하며, 또한 실체시대(實體時代)라고 명명하였다. 과연 성약시대가 실체시대인가? '실체'라는 말은 상징이나 비유에 대하여 그것들이 말하고자 하는 실체대상을 말하는 것일 것이다. 예를 들면, 예수님은 구약시대의 유월절 양에 대한 실체이다.

*...우리의 유월절 양 곧 그리스도께서 희생되셨느니라(고전5:10)*

출애굽 직전에 유월절 양이 죽음으로 이스라엘 백성들은 죽음에서 벗어나고 해방 받을 수 있었다. 예수님의 십자가 사건은 구약시대의 유월절 양의 죽음에서 그 의미를 찾을 수 있다. 유월절 양은 예수 그리스도의 죽으심으로 인해 성도들이 사망권세에서 해방 받은 것을 모형적으로 보여준 것이다. 유월절 양은 모형이었고, 예수님은 그 실체였다.

구약시대에 이스라엘 백성이 죄를 지면 양(羊)을 죽여 피를 흘리게 함으로 죄인이 속죄를 받았다. 이것을 속죄양이라고 하는 바, 속죄양은 예수님 십자가로 인한 대속(代贖)에 대한 모형과 그림자였다.

세례요한은 예수님에 대해 "보라! 세상 죄를 지고 가는 하나님의 어린 양이로다"라고 하였다(요1:29). 여기서 어린 양이라 함은 속죄양을 말하는 것이다. 속죄양은 예수 그리스도의 모형이고, 예수 그리스도는 속죄양의 실체이다.

골로새서 2장 16~17에서 "그러므로 먹고 마시는 것과 절기나 초하루나 안식일을 이유로 누구든지 너희를 비판하지 못하게 하라 이것들은 장래 일의 그림자나 몸은 그리스도의 것이니라"고 하였다. 이 말씀은 예수님께서 먹고 마시는 것과 절기나, 초하루나, 안식일 등의 실체적 의미라는 것이다. 신약시대가 이미 실체시대임을 말하는 것이다. 정명석이 실체가 아니라, 예수 그리스도가 이미 실체이다.

정명석은 신약시대를 비유시대라고 하고, 성약시대를 실체시대라고 하였으나, 비유시대란 원래부터 없는 것이고, 신약시대야 말로 실체시대였던 것이다. 따라서 정명석의 '성약시대는 실체시대이다'란 말은 거짓말이다.

### (5) 올바른 성경관을 위하여

정명석은 성경이 비유로 인봉되었다고 하였으나, 성경은 문자적 해석을 가장 우선적으로 해야 한다. 성경이 비유로 인봉되었다는 말은 적그리스도들의 공통교리이다. 그래야 구름을 사람(혹은 영)이라고 풀고, 불도 말씀을 비유한 것이라 풀면서 자기를 재림예수라고 미혹할 수 있기 때문이다.

그리고 정명석의 삼시대론은 잘못된 시대구분이다. 시대마다 다른 방식으로 구원을 받는 것도 틀린 말이다.

구원자는 오직 한 분 뿐(행4:12)이다. 구약시대에는 짐승의 제사를 통해 장차 오실 예수 그리스도의 구속을 바라보면서 구원받았고, 신약은 실체로 오신 예수 그리스도를 믿음으로 구원받는 것이다. 또한 모세 언약의 모든 내용은 예수 그리스도를 통하여 구원과 영생을 얻게 된다는 은혜 언약으로 가는 예표요, 단계다.[80] 성경은 신구약을 막론하고 예수를 믿으면 구원을 주겠다는 하나님의 약속(언약)의 책이다.

피 흘림이 없으면 죄 사함이 없다(히9:22). 구약에서는 짐승을 희생 제물로 드렸고, 신약에서는 그리스도께서 희생제물이 되셨다. 구약에서 살던 사람들은 피 제사를 통해 그들의 죄가 사함 받는다고 약속받았다. 그렇다면 그들은 짐승의 피에 근거해서 사함 받았을까? 결코 그렇지 않다. 모세나 구약의 하나님 백성들의 죄를 씻는 유일한 방편은 그리스도의 피다. 그들은 장래의 약속에 대한 믿음으로 의롭다 함을 받았다.[81] 그 약속은 그림자와 의식과 예식들을 통해 전달되었고, 이들은 황소나 염소의 피를 넘어 그리스도의 피를 바라보았다. 그리스도의 피는 하나님의 공의를 만족시켰다. 우리는 그리스도 안에서 단번에 완전히 성취된 약속을 믿음으로써 의롭다 함을 받는다. 시

---

80) 피영민, 『신약개론』 (서울: 검과 흙손, 2015), 17.
81) R. C. Sproul, 『언약』, 김태곤 역 (서울: 생명의 말씀사, 2003), 219.

대별로 구원의 방법이 다른 것이 아니다.

　오직 구원자는 어느 시대고 예수 그리스도 뿐이다. 디모데전서 2장 5절에서 사도 바울은 "하나님은 한 분이시요 또 하나님과 사람 사이에 중보자(仲保者)도 한 분이시니 곧 사람이신 그리스도 예수라"고 했다. 여기서 중보자가 한 분 뿐이라는 말은 좀 이상하게 들린다. 왜냐하면 모세, 선지자들, 제사장들, 천사들, 그리고 왕들도 중보자였기 때문이다. 그렇다면 사도 바울이 '중보자는 오직 예수 그리스도 한분'이라고 말한 이유는 무엇인가?

　바울은 신성(神性)과 인성(人性)을 함께 지닌 유일하신 분에 대해 말한 것이다. 그런 분은 예수 그리스도 뿐이다. 오직 예수 그리스도만이 하나님과 사람을 온전히 중보하실 수 있다. 예수 그리스도는 완전한 구속주이시며, 자기 백성의 구원에 필요한 모든 사역을 완성하셨다.[82] 또 다른 구세주가 필요치 않다. 이단 교주들의 자칭 '이 시대의 구세주'라는 말은 비 진리이다. 이단에 빠진 사람들이 '예수님은 그 시대의 메시아, 우리 선생님은 이 시대의 메시아'라고 말하는 것은 잘못된 신앙고백이다.

　이단이란 성경을 잘못 사용하는 것이다. 사탄이 예수님을 시험할 때도 성경구절을 인용하였다(마4:6). 그와 같이 오늘날에도 성경 공부한다고 하면서 교인들을 미혹하는 것이 이단이다. 이단의 성경공부는 사람들로 하여금 인간교주를 하나님, 재림예수, 성령이라고 믿게 한다. 그래서 인간을 신격화해서 섬기게 한다. 사람을 섬기는 것, 그것이 바로 우상숭배이다. 이단의 폐해는 한두 가지가 아니지만, 영

82) R. C. Sproul, 『언약』, 220.

혼을 파괴하고, 가정들을 파괴하고,[83] 사회를 파괴한다. 결국 잘못된 성경관은 이단 교주를 추종하게 만들고, 그로 인해 살아서 저주를 받고[84] 죽어서도 영원한 지옥의 형벌을 받게 된다.[85]

이와 같이 잘못된 성경관은 잘못된 행동양식을 불러오고 잘못된 행동양식은 기독교에 대하여 부정적인 인식을 하게 한다. 결국 전도와 선교사역에 악영향을 끼치게 된다.[86]

시대별 구분은 예수 그리스도가 오기 전의 구약과 예수 그리스도가 오신 신약뿐이다. 이단들은 공통적으로 삼시대론을 주장하나 그것은 예수님께서 영으로 재림하셔서 자기들의 교주를 통해서 천년왕국을 이미 진행하고 있다는 뜻이다. 그러나 예수님은 아직 재림하지 않으셨다. 재림하셨다면 지상 모든 사람들이 보고 알 수 있어야 한다(마 24:30, 계1:7).

속담은 비유로 된 경우가 많다. 예를 들면, "못된 송아지가 엉덩이에 뿔난다." "똥 묻은 개가 재 묻은 개 나무란다." 사람들은 이런 속담들을 예언으로 받아들이지 않는다. 속담은 어느 특정한 사람에 대해서 예언한 것이 아니기 때문이다. 속담은 비슷한 상황이 발생하면 누구에게나 다 적용할 수 있다. 비유도 마찬가지이다. 어떤 것에 대한 비유는 여러 가지를 적용하여 설명할 수 있다.

---

83) 딛1:11 그들의 입을 막을 것이라 이런 자들이 더러운 이득을 취하려고 마땅하지 아니한 것을 가르쳐 가정들을 온통 무너뜨리는도다.
84) 갈1:8 그러나 우리나 혹은 하늘로부터 온 천사라도 우리가 너희에게 전한 복음 외에 다른 복음을 전하면 저주를 받을지어다.
85) 계21:8 그러나 두려워하는 자들과 믿지 아니하는 자들과 흉악한 자들과 살인자들과 음행하는 자들과 점술가들과 우상 숭배자들과 거짓말하는 모든 자들은 불과 유황으로 타는 못에 던져지리니 이것이 둘째 사망이라.
86) 권호덕, 『율법의 세가지 용도와 그 사회적 적용』, 26.

예수님의 "탕자의 비유"를 예로 들어보자(눅15:11~32). 그 탕자의 비유는 남녀 누구라도 집을 나갔다가 돌아왔을 때 쓰일 수 있다. 교회를 떠났던 사람이 다시 교회에 돌아왔을 때도 쓰일 수 있다. 그리고 이단에 빠졌던 사람이 다시 정통교회에 돌아왔을 때도 쓰일 수 있다. 그래서 비유는 속담처럼 여러 경우에 적용하는 것이다. 그러나 예언은 대부분 문자 그대로이고, 특히 한 사건으로 성취되는 것이다.

이스라엘의 왕이 나귀새끼 타고 예루살렘에 오리라고 예언되었는데(슥9:9), 그것은 속담이나 비유처럼 풀어서 여러 번 적용하는 것이 아니라, 문자 그대로 예수님께서 나귀새끼 타시고 예루살렘 성에 입성하셔서 단일회적으로 성취되었다. 예수님은 은30냥에 팔리신다고 예언되셨고, 은30냥에 팔리심으로 단일회적으로 성취되었다. 이와 같이 구약에서 예수님에 대한 예언들이 단회적으로 대부분 문자 그대로 이루어졌다.[87]

마찬가지로 예수님께서 구름타고 오신 다는 것은 예언이기 때문에 문자 그대로 받아들여야 한다. 그러나 구름을 비유로 본다면, 구름을 육체나 영이라 풀고, 자기 몸에 예수님의 영이 들어왔다고 말하기만 하면, 누구라도 자기는 재림예수라고 주장할 수 있게 된다. 그러나 예수님의 재림은 부활하셔서 구름타고 승천하신 예수님이, 그 동일한 인격으로, 다시 오시는 것이다(행1:11).

이단들은 예언을 비유로 해석하고, 비유를 예언으로 해석한다. 그래서 자기를 재림예수로 인식되게끔 맞춘다. 그러나 예언은 우선 문

---

87) 진용식, 『무료성경신학원 이만희의 실체는?』 (서울: 백승, 2011), 30.

자적으로 받아들여야 하고, 특히 비유로만 풀어서는 안 된다.[88] 성경을 열심히 읽고 공부하더라도 성경을 잘못 해석하면 이단이 된다. 성경을 '비유로 해석한다'(혹은 '영적으로 해석한다')고 하면서 예수님 외에 다른 사람을 끄집어들이는 것이 이단이다. 성경은 곧 예수 그리스도를 증거 하는 책이다(요5:39). 성경은 결코 우리에게 다른 예수, 다른 복음, 다른 영에 대해서 증거 하지 않는다(고후11:4).

---

88) 진용식, 『무료성경신학원 이만희의 실체는?』, 29.

# Ⅲ. 사람에 대한 JMS(정명석)의 만물비유

1. 베드로와 물고기
    ○ JMS(정명석)의 주장
        (1) 베드로는 사람을 낚는 어부가 되었다
        (2) 물고기는 사람이다

2. 엘리야와 까마귀 밥
    ○ JMS(정명석)의 주장
        (1) 문자대로 믿는다면 생겨나는 의문점들
        (2) 까마귀와 까마귀밥의 실체는 무엇인가?

# Ⅲ. 사람에 대한 JMS(정명석)의 만물비유

정명석은 성경 속의 모든 비유는 인간을 두고 수백 수천 가지의 만물을 들어 비유한 것이라고 주장한다.[89] 개성대로 존재하는 만물과 개성대로 존재하는 사람의 기본형이 닮아 있기 때문이라는 것이다.[90]

## 1. 베드로와 물고기

정명석은 성경을 비유로 읽어야 한다고 주장한다.[91] 성경을 문자대로 읽으면 참된 의미를 알 수 없고, 허무한 신앙이 되기 때문이라는 것이다. 예를 들면, 모세 율법에 "곡식 떠는 소의 입에 망을 씌우지 말라"(신25:4)는 말씀이 있다. 바울은 그 말씀에 대하여 "하나님께서 어찌 소들을 염려하심이냐 오로지 우리를 위해 하신 말씀하심이 아니냐"(고전9:9)고 해석하였다. 그와 같이 모든 성경은 비유로 해석해야 한다는 것이다.

정명석은, 성경의 근본문제들은 전부 비유로 되어 있는데, 그것이 비유인지 모르면 전혀 근본 뜻을 알 수 없다고 주장한다. 흔히 "칼국수에 칼이 들어 있느냐? 붕어빵에 붕어가 들어 있느냐? 가래떡에 가래가 들어 있느냐? 빈대떡에 빈대가 들어 있느냐?"며 반문한다. 그와

---

89) 정명석, 『비유론』, (서울: 도서출판 명, 1998), 12.
90) 정명석, 『비유론』, 12.
91) 정명석, 『비유론』, (서울: 도서출판 명, 1998), 12.

같이 사람이 무슨 말을 들으면 문자대로 듣지 않고 해석하며 듣듯이, 성경의 기록도 비유로 해석하며 읽어야 참 진리에 도달할 수 있다는 것이다. 정명석은 자기주장을 관철시키기 위해 베드로가 물고기 입을 열어 돈 꺼낸 사건을 예로 들었다.

> 가버나움에 이르니 반 세겔 받는 자들이 베드로에게 나아와 이르되 너의 선생은 반 세겔을 내지 아니하느냐 이르되 내신다 하고 집에 들어가니 예수께서 먼저 이르시되 시몬아 네 생각은 어떠하냐 세상 임금들이 누구에게 관세와 국세를 받느냐 자기 아들에게냐 타인에게냐 베드로가 이르되 타인에게니이다 예수께서 이르시되 그렇다면 아들들은 세를 면하리라 그러나 우리가 그들이 실족하지 않게 하기 위하여 네가 바다에 가서 낚시를 던져 먼저 오르는 고기를 가져 입을 열면 돈 한 세겔을 얻을 것이니 가져다가 나와 너를 위하여 주라 하시니라(개역개정 마17:24~27)

예수님 당시 하나님을 믿는 사람이라면 누구든지 성전운영을 위해 성전세(temple tax)를 반 세겔[92]씩 내게 되어 있었다(출30:13). 성전세를 받는 사람들이 베드로에게 와서 너희 선생은 어찌하여 성전 세를 내지 않느냐고 물었다. 그 말은 너희 선생이 하나님의 사람이라면 당연히 성전 세를 내야 하거늘 어찌하여 성전 세도 내지 않으면서 하

---

92) 반 세겔(half-shekel)은 이스라엘 백성(20세 이상의 히브리 남자들)이 율법 규정에 따라 성전에 드리는 세액이다. 한편 포로 시대 이후 유대인들은 반 세겔에 해당하는 그리스의 은(銀) 동전인 2드라크마(two-drachma)를 성전세로 납부 하였는데, 예수님 당시에는 이 동전이 더 이상 주조되지 않아 두 사람이 함께 짝을 이루어 4드라크마를 성전세로 납부하였다. 더 자세하게는 『라이프성경사전』의 "반 세겔"을 참조하라.

나님의 말씀을 전한다고 하느냐고 따지는 것이었다. 그러자 예수님께서는 하나님의 아들로 오셨기 때문에 성전 세를 내지 않아도 되지만 저희들로 오해케 하지 않기 위하여 성전 세를 내자고 말씀하셨다. 그러면서 베드로에게 바다에 가서 낚시를 하면 먼저 오른 물고기가 있을 것이다. 그 물고기 입을 열면 한 세겔이 나올 것이니 너와 나를 위해 돈 내라 하셨다. 위 본문은 문자 그대로 읽어야 하는가? 아니면 비유로 해석해야 하는가?

## 1) 정명석의 주장

정명석은 "과연 베드로가 성전세를 내기 위해 고기를 잡으러 바다로 갔을까? 그리고 물고기가 예수님의 말씀처럼 한 세겔을 물고 있었을까? 그렇다면 그 작은 주둥이로 어떻게 동전을 물고, 또 그 문 상태에서 낚시 바늘도 물 수 있었을까?"[93]라고 반문한다. 그럴 리가 없다는 것이다.

정명석은 "옛날이나 지금이나 사람이 돈을 가지고 다니지 물고기가 돈을 가지고 다니는 것이 아니다. 어디까지나 상식 속에서 성경은 풀어지게 되어 있다"[94]고 주장한다. 상식 안에서 풀어진다는 정명석의 말은 무슨 뜻인가? 한 마디로 물고기는 사람을 의미한다는 것이다.

---

93) 최성희, 『30개론 강의안』, 27.
94) 최성희, 『30개론 강의안』, 27.

(1) 베드로는 사람을 낚는 어부가 되었다.[95]

정명석은 그 근거로 마태복음 4장 19절을 들었다.

> 말씀하시되 나를 따라오너라 내가 너희로 사람을 낚는 어부가 되
> 게 하시리라(개역한글 마4:19)

사람을 낚는 어부가 되게 하시리라! 실제로 베드로는 그 후 사람을
낚는 어부가 되어 하루에 3,000명씩 주님께로 돌이키는 일을 하기도
했다.

> 베드로가 가로되 너희가 회개하여 각각 예수 그리스도의 이름으
> 로 세례를 받고 죄 사함을 받으라 그리하면 성령을 선물로 받으리
> 니… 그 말을 받는 사람들은 세례를 받으매 이 날에 제자의 수가 삼
> 천이나 더하더라(개역한글 행2:14-41)

그러므로 성전세 때문에 예수님께서 베드로에게 "바다에 가서 고
기를 낚으라"하신 것이 아니라는 것이다. 예수님께서 비유로 말씀하
셨다는 것이다. 그렇다면 무엇이 비유인가?

(2) 물고기는 사람이다.

베드로는 물고기 잡으러 바다로 갔을까? 사람 만나러 세상으로 갔
을까? 정명석은, 그날 예수님께서 말씀하신 것은 바다는 세상이요,

---

95) 최성희, 『30개론 강의안』, 27.

낚시는 말씀이요, 물고기는 사람이었다는 것이다.

> ...사람이 갈고리로 너희를 끌어가며 낚시로 너희의 남은 자들도
> 그리하리라(암4:2)
> ...내가 많은 어부를 불러다가 그들을 낚게 하며...(렘16:16)
> 주께서 어찌하여 사람을 바다의 고기 같게 하시며...(합1:14)
> 천국은 마치 바다에 치고 각종 물고기를 모는 그물과 같으니...(마
> 13:47)

정명석에 의하면, 이날 베드로가 낚은 물고기도 사람을 비유한 것이다. 그럴 수밖에 없는 게 태평양 바다와 어느 바다의 물고기라도 즉, 멸치부터 고래, 상어까지 다 조사하고 물어보아도 돈은 사람이 가지고 다니지 물고기가 가지고 있는 게 아니라고 대답할 것이다. 정리하면, 예수님의 말씀은 비유로서, 세상 임금은 곧 하나님을 말한 것이요, 아들은 예수님을, 타인은 일반 백성을, 바다는 세상, 낚시는 말씀이요, 물고기는 사람이 되는 것이다.

즉 예수님께서는 베드로에게 고기를 낚으러 바다에 가라고 하신 것이 아니라 세상에 나가서 말씀으로 사람을 낚아 그에게서 한 세겔을 얻으라 하신 것이었다는 것이다. 그와 같이 성경에 나오는 다른 만물들도 다 사람을 비유한 것이다. 이러므로 비유를 모르고 성경을 문자대로 읽으면 천년을 읽어도 제대로 된 진리를 알 수 없다는 것이

다.[96] 정명석의 "베드로와 물고기" 교리는 신입 회원들로 하여금 성경을 비유로 읽어야 한다고 깨닫게 하는 동시에, 당신도 베드로처럼 이 시대의 멘토(정명석-필자 주)를 찾아라 하는 암시인 것이다.

## 2) 반증

### (1) 성경은 전부 비유로 읽어야 하는가?

성경은 문자대로 읽어야 한다. 성경에서 유일하게 합법적인 해석 방법은 문자적인 해석방법이다.[97] 문자적인 해석이란 성경을 적혀 있는 그대로 해석한다는 의미이다. 명사는 명사로, 동사는 동사로 다룬다.[98] 시는 시로, 역사적 기사는 역사적 기사로 다룬다. 비유는 비유로, 과장법을 사용한 부분은 과장된 사실 그대로 다룬다. 그러나 이단들은 역사도 비유로, 예언도 비유로, 과장법도 비유로, 이와 같이 전부 비유로 읽기 때문에 엉터리 해석이 되는 것이다.

구약성경에 메시야가 어린 나귀새끼 타고 예루살렘 성에 입성하신다고 예언되었다(슥9:9). 문자 그대로인가? 비유인가? 결과적으로, 예수님은 문자 그대로 어린 나귀새끼 타고 예루살렘 성에 입성하셨다(눅19:28~40).

---

96) 세계청년대학생MS연맹, 『입문편』 (서울:세계청년대학생MS연맹기획실.nd). 52. 이 책은 JMS 자체 강사용으로 사용하던 것으로 출판사나 출판년도가 불명확한 희귀본이다. 그러나 이 책(들)은 필자와 다른 분들이 JMS를 이탈할 때 가지고 나온 자료이다. 입문편, 초급편, 중급편, 고급편, 역사편으로 이뤄져 있다.
97) R.C. Sproul, 『기독교의 핵심진리 102가지』 윤혜경 역(서울: 생명의 말씀사, 2014), 54-55.
98) R.C. Sproul, 『기독교의 핵심진리 102가지』, 55.

시온의 딸아 크게 기뻐할지어다 예루살렘의 딸아 즐거이 부를지
어다 보라 네 왕이 네게 임하시나니 그는 공의로우시며 구원을 베푸
시며 겸손하여서 나귀를 타시나니 나귀의 작은 것 곧 나귀 새끼니라
(개역개정 슥9:9)

예수께서 이 말씀을 하시고 예루살렘을 향하여 앞서서 가시더
라... 이르시되 너희는 맞은편 마을로 가라 그리로 들어가면 아직 아
무도 타 보지 않은 나귀 새끼가 매여 있는 것을 보리니 풀어 끌고 오
라... 나귀 새끼를 풀 때에 그 임자들이 이르되 어찌하여 나귀 새끼를
푸느냐... 그것을 예수께로 끌고 와서 자기들의 겉옷을 나귀 새끼 위
에 걸쳐 놓고 예수를 태우니...(개역개정 눅19:28~40)

구약성경에 "의인의 뼈를 보호하시며 그 중에 하나도 꺾이지 아니
하도다"고 예언하였다(시34:20). 예수님은 그 예언에 따라 십자가에
서 돌아가실 때 뼈가 하나도 꺾이지 아니하였다. 이와 같이 구약에 예
수님에 관한 50가지 이상의 예언은 문자 그대로 이루어졌다.[99]

그의 모든 뼈를 보호하심이여 그 중에서 하나도 꺾이지 아니하도
다(개역개정 시34:20)

군인들이 가서 예수와 함께 못 박힌 첫째 사람과 또 그 다른 사람
의 다리를 꺾고 예수께 이르러서는 이미 죽으신 것을 보고 다리를
꺾지 아니하고... 이 일이 일어난 것은 그 뼈가 하나도 꺾이지 아니하
리라 한 성경을 응하게 하려 함이라(개역개정 요19:32~36)

99) 진용식, 『무료성경신학원 이만희의 실체는?』, 29.

정명석은 '칼국수에 칼이 들어 있느냐? 빈대떡에 빈대가 들어 있느냐? 가래떡에 가래가 들어 있느냐?'면서, 그와 같이 성경도 비유로 풀어야 한다고 주장하였다.

그렇다면, 그에 대하여 반증해 보자. 콩떡에 문자 그대로 콩이 들어 있지 않느냐? 팥떡에 문자 그대로 팥이 들어있지 않느냐? 찹쌀떡에 찹쌀이 들어있지 않느냐? 도토리묵에 도토리가 들어 있지 않느냐? 문자 그대로 내용물이 다 들어 있다!!!

그러므로 성경에 비유로 된 부분이 더러 있다손 치더라도, 모든 성경의 핵심적인 내용들을 전부 비유로 풀어야 한다는 것은 억지주장이다. 그러므로 문자대로 읽어야 옳다.

그 말은 비유는 비유로, 역사는 역사로, 시는 시로... 사실 적힌 그대로 읽어야 한다는 뜻이다. 정명석이나 이단교주들처럼, 성경을 비유로 풀어야 한다는 것은 성경의 기적들을 불신하게 하고, 성경의 역사성을 부인하는 일이다. 성경의 기록을 믿는 것이 예수 믿는 것이다.

### (2) 베드로는 사람 낚는 어부가 된 뒤에도 물고기를 잡았다(요 21:3~11).

예수님께서 죽으시자, 제자들은 실망하여 각자 고향으로 돌아가 원래 하던 일을 하였다. 베드로는 밤새도록 물고기를 잡으려고 했으나 한 마리도 잡지 못했다. 그 때 예수님께서 깊은 곳에 가서 그물을 던지라고 했을 때, 그물이 찢어질 정도로 많이 잡았다. 세어보니 153마리였다고 하였다. 이것은 역사적 사실로 보는 것이 타당하다. 그러나 정명석의 만물비유로 푼다면 베드로는 그날 밤 깊은 세상에 나가 말씀을 전하여 153명을 전도하였다고 풀어야 한다. 바다는 세상, 그물은 말씀, 153마리는 153명. 이와 같이 비유로 푼다면 그것은 성경의 역사를 부인하는 것이다.

성경을 비유로 풀게 되면, 그날 실제 일어났던 역사적 사건들에 대해서, 그날 그런 일이 일어나지 않았다고 말하는 꼴이 되고 만다. 성경을 비유로 풀면 자기도 모르는 사이 거짓말쟁이가 되고 만다. 성경을 엉터리로 푸는 것은 바로 거짓말 하는 것이다. 거짓말 하는 자들은 지옥 유황불에 던져지게 된다(계21:8).

### (3) 예수님께서 구운 생선을 드신 것은?(눅24:41~43)

예수님께서 부활하신 후 의심하는 제자들에게, 부활하셨음을 믿게 하기 위하여 구운 생선을 드셨다. 구운 생선을 드셨다는 것은 실제인가? 비유인가?

> 그들이 너무 기쁘므로 아직도 믿지 못하고 놀랍게 여길 때에 이르시되 여기 무슨 먹을 것이 있느냐 하시니 이에 구운 생선 한 토막을 드리니 받으사 그 앞에서 잡수시더라(개역개정 눅24:41~43)

정명석의 비유론 식으로 풀자면 물고기는 사람이다. 그러면 예수님께서 불로 구운 사람을 잡수셨다는 말이 된다. 말이 되는가? 혹은 불을 말씀으로 푼다면, 불같은 말씀으로 사람을 심판하셨다 정도로 해석될 것이다. 예수님께서 그날 제자들 외에 다른 한 사람을 말씀으로 심판하셨다? 어색하고 이상하다. 그 방에 제자들 외에 다른 사람이 누가 있었다고? 사람을 물고기로 비유했다면, 그 방의 12명의 제자들도 전부 12마리 물고기로 기록했어야 한다. 이것은 실제로 예수님께서 구운 생선을 드셨다고 밖에는 달리 해석할 수 없다. 구운 생선을 드셨다는 것은 문자 그대로 그날 구운 생선을 드신 것이다. 물고기는 문자 그대로 물고기이다.

### (4) 비유의 형평이 맞지 않다.

예수님께서 사람을 물고기로 비유하여 말씀하셨다면, 돈, 성전세 등도 비유로 해석해야 한다. 한 문장에서 돈, 성전 세 등은 문자대로 받아들이면서 물고기만을 사람으로 비유하는 것은 형평에 맞지 않다.

### (5) 돈 물고 있는 물고기를 낚시질할 수 있는가?

낚시로 물고기를 잡는다고 할 때, 반드시 낚시 바늘로 낚아 올릴 것만을 의미하지는 않는다. 낚시 바늘 없이도 물고기를 잡는 방법은 다양하다. 낚시를 들어 올릴 때 물고기가 돈을 떨어뜨렸을 것이라든지, 물고기가 돈을 물고 있는데 어찌 아가미 운동을 하면서 호흡할 수 있었겠는가 하면서 불가능하다고 말하는 것은 무지의 소치이다. 바늘 없이 낚시질 할 수도 있다.

사실 하나님은 모든 일에 능하신 분이시다(창18:14). 어떤 일이라도 하나님께서 말씀하신 것은 다 이루어진다(눅1:37). 우리는 무(無)에서 유(有)를 창조하신 하나님이시라는 것을 잊어서는 안 된다.

### (6) 오병이어 기적의 물고기 두 마리는?

오병이어(五餠二魚)의 기적(마14:13~21) 때 사용된 물고기 두 마리는 무엇인가? 예수님께서 제자들에게 먹을 것이 없느냐 물으시니, 제자들이 "우리에게 있는 것은 떡 다섯 개와 물고기 두 마리뿐입니다."(마14:17)고 대답한다. 여기서 물고기 두 마리는 실체인가? 비유인가?

이것을 정명석의 만물비유로 해석한다면 물고기 2마리는 2사람이다. 그렇다면, 그날 두 사람을 죽여서 5천명이 나눠먹었어야 한다. 말이 되지 않는다. 물고기는 그냥 물고기이다. 여기서 물고기가 실제로 물고기라면, 베드로가 잡은 물고기도 실제로 물고기여야 한다. 오병이어 기적도 베드로가 사람을 낚는 어부가 된 이후에 발생한 일이다. 사람을 낚는 어부가 된 뒤라고 해서 물고기가 다 사람을 의미하는 것은 아니다. 오병이어 기적 때 물고기 2마리가 그냥 물고기 2마리였다면, 베드로가 잡은 물고기도 문자 그대로 물고기로 보아야 마땅하다.

### (7) 요나의 물고기는 무엇인가?

구약성경 요나서에 보면, 요나가 물고기 뱃속에서 3일 동안 들어가 있었던 기록이 나온다. 요나의 물고기는 무엇인가? 실체인가? 사람인가? 정명석의 비유론 식으로 푼다면, 물고기는 사람이므로 요나가 3일 동안 어떤 사람의 뱃속에 들어가 있어야 한다. 가능한가? 아니면 어떤 감옥과 같은 환경에 갇혀서 나오지 못했다는 것으로 풀 수 있으리라. 이와 같이 성경을 비유로 다루면 성경의 모든 기적은 사라진다. 그러나 성경은 그렇게 자기 맘대로 풀어서 자기의 주장을 합리화 하는데 써 먹으면 안 된다. 성경은 자기 마음에 맞게 늘렸다 줄였다 하는 고무줄도 아니고, 자기의 견해에 맞추어 변형시켜도 되는 '고무찰흙' 같은 것이 아니다.[100] 요나의 물고기 뱃속은 실제 물고기 뱃속임에 틀림이 없다. 예수님께서 실체 물고기로 언급하시면서 예수님의 부활과 동일시 여겼기 때문이다.

> 요나가 밤낮 사흘 동안 큰 물고기 뱃속에 있었던 것 같이 인자도 밤낮 사흘 동안 땅 속에 있으리라(개역개정 마12:40)

요나가 물고기 뱃속에 사흘 동안 있다가 나왔듯이, 예수님도 땅속에 사흘 동안 있다가 나온 것이다. 그러므로 요나의 물고기가 실체 물고기이듯이, 베드로가 잡은 물고기도 실체 물고기이다.

## (8) 성경기록의 목적은?

성경은 거짓말로 예수님을 신격화하거나, 과대포장하지 않는다. 예수님은 거룩하고 진실하시기 때문이다(계3:7). 또한 비유나 암호를 걸어 독자들로 하여금 혼동을 주거나 아무도 모르게 하려고 인봉한 책도 아니다. 요한계시록마저도 인봉된 책이 아니다(계22:10). 신문의 기사는 직설적인 표현을 쓴다. 왜냐하면, 독자들이 기사를 읽고 혼동을 일으킨다면 보도(報道)의 목적과 위배되기 때문이다. 성경의 기록도 마찬가지이다. 비유로 적으면, 누구나 알기 쉽게 읽어서 구원받게 하려는 성경기록의 목적에 배치된다. 성경을 기록하신 목적은, 누구라도 쉽게 성경을 읽고 예수님은 하나님의 아들이라는 것과 그 이

---

100) R.C.Sproul, 『기독교의 핵심진리 102가지』, 58-59.

름을 믿어야 영생을 얻게 된다는 것을 알게 하기 위함이었다.

> 예수께서 제자들 앞에서 이 책에 기록되지 아니한 다른 표적도 많
> 이 행하셨으나 오직 이것을 기록함은 너희로 예수께서 하나님의 아
> 들 그리스도이심을 믿게 하려함이요 또 너희로 믿고 그 이름을 힘입
> 어 생명을 얻게 하려 함이니라(요20:30~31)

그런데, 정명석의 주장처럼, 예수님께서 한 세겔 돈이 없어 옆의 사
람들에게 얻어서 낸 것이라면 특별히 기록할 이유가 없었다. 왜냐하
면, 성경책에는 예수님께서 행하신 일이 너무 많아서 심지어 표적들
도 다 기록하지 못했다고 하였다(요20:30). 만약에 예수님의 행하신
일들을 다 기록한다면 이 세상이라도 이 기록된 책을 두기에 부족할
것이라고 하였다(요21:25). 기적 이야기도 다 못 기록하지 못할 정도
인데, 평범한 이야기를 일부러 썼을 리가 없다.

> 예수께서 제자들 앞에서 이 책에 기록되지 아니한 다른 표적도 많
> 이 행하셨으나(요20:30)
> 예수께서 행하신 일이 이 외에도 많으니 만일 낱낱이 기록된다면
> 이 세상이라도 이 기록된 책을 두기에 부족할 줄 아노라(요21:25).

실제로 기적이 아니었다면 이런 기록이 무슨 의미가 있을까? 가난
하다는 것을 알리기 위함인가? 아니다. 예수님께서 가난하게 사셨다
는 것은 목수의 아들로 마구간에서 태어난 것만 봐도 다 알 수 있다.

그게 아니라면 오해를 받지 말고 살아야 함을 말하기 위함인가? 아니다. 그런 것은 성경이 아니라도 우리는 잘 알고 있다. 베드로가 물고기 입에서 돈을 꺼낸 이야기는, 예수님께서 하나님의 아들이심을 믿게 하기 위한 글이었다. 우리가 그를 믿어야 영생을 얻기 때문이다. 성경에는 예수님의 기적행한 것도 다 적지 못하였다고 하였는데, 하물며 옆의 사람에게 돈 꾼 이야기를 기록 했을 것인가? 아니다. 베드로가 물고기 입에서 돈 꺼낸 사건은 문자 그대로 발생한 사건으로서, 하나님의 아들이심을 믿게 하기 위해서 발생한 실제 기적이었다.

　세상에는 종종 가끔 불가사의한 일들이 발생한다. SBS의 "순간포착　세상에 이런 일이"이라는 프로그램이 있다. 2018년 11월 1일의 방영분에, "돈 맛을 아는 견(犬)"이라는 소제목으로 돈 밝히는 강아지에 대해서 다루었다.[101] 하치라는 이름의 강아지인데, 그 강아지는 방문했던 제작자들의 호주머니 속에서 돈만 정확히 물어 빼내었다. 그리고 미용실에서 헤어드라이어 소리가 나거나 주인이 "수고하셨습니다"라고 말하면 벌써 돈 받을 준비하고 있다가, 손님의 돈을 받아서 주인에게 건네다 주는 일을 하였다. 강아지 하치가 돈을 밝히게 된 데는 언젠가 하치 강아지가 우연히 돈을 물었는데, 주인이 그 돈을 뺏으려고 간식을 주었고, 그 후로 하치 강아지는 돈만 물고 있으면 간식을 먹을 수 있다는 것을 터득하게 되었다는 것이다. 강아지 하치는 손님들에게 용돈을 받고자 애교 피우는 것은 기본이다. 강아지 하치가 돈 밝힌다는 것을 안 손님들이 강아지에게 준 용돈이 3년 만에 이미 100

101) http://www.topstarnews.net/news/articleView.html?idxno=514877. 2019년 3월 17일 접속.

만원이 넘었다고 한다. SBS "세상에 이런 일이" 제작자들은 이 강아지 이야기를 비유로 말한 것이 아니다. 시청자들도 비유로 받아들이지 않는다.

사도 마태도 베드로의 물고기 사건을 역사적 사실로 기록하였다. 당연히 읽는 자들도 역사적 사실로 읽어야 한다. 예수님의 신성을 나타내는 기적이 없었다고 말할 수 없다. 예수님은 죽은 지 나흘 된 나사로도 무덤에서 불러내어 살리셨으며(요11:1~44), 나인 성 과부 아들이 죽었을 때 관에 손대고 살리시기도 하셨고(눅7:11~16), 바다 물 위를 걸으셨던 주님이시다(마14:22~33).

물고기를 사람으로 푼다면, 예수님의 신성과 성경의 기적은 사라지게 된다. 그 대신 정명석은 돈이 필요할 때마다, '나에게 베드로의 물고기와 같은 사람은 누구인가?'고 찾게 되고, 사람들은 돈 갖다 바치면서 자기는 재림예수께 헌금한 새 시대의 물고기라는 뿌듯함을 안겨준다. 그러나 베드로의 물고기는 실제 물고기였기 때문에 정명석은 거짓말쟁이가 되는 것이고, 사람들은 수탈되고 있으면서도 자기는 성경에 기록될 만한 가치 있는 행동을 하였다고 착각하게 된다. 이와 같은 잘못된 성경해석은 잘못된 믿음을 낳고, 잘못된 믿음은 저주와 패가망신을 낳는다.

## 2. 엘리야와 까마귀밥
- 왕상17:1~6

구약성경에 엘리야 선지자에게 까마귀가 아침과 저녁으로 떡과 고기를 물어다 주었다는 기록이 나온다. 역사적 사실일까? 비유일까? 물론 대다수의 기독교인들은 본문 내용을 문자 그대로 믿는다. 그러나 현대인들이 문자 그대로 믿기에는 부담스런 면도 없지 않다.

자유주의의 해석에 의하면, 1)히브리어로 오르빔(까마귀)라는 단어는 발음상 아라비아 상인(아라빔)이라는 뜻으로 지나가던 아라비아 상인, 즉 베두인 족이 엘리야를 먹였다는 설과 2)오르빔은 그릿 시냇가 부근의 오렙 거민들을 말하며 이들로부터 엘리야가 음식을 획득했다는 설도 있다. 이런 발음상의 문제 정도가 아니라, 정명석은 아예 '까마귀는 사람을 비유한 것'으로 본다. 이를 필자는 비유설이라고 명명한다.

길르앗에 우거하는 자 중에 디셉 사람 엘리야가 아합에게 말하되 내가 섬기는 이스라엘의 하나님 여호와께서 살아 계심을 두고 맹세하노니 내 말이 없으면 수 년 동안 비도 이슬도 있지 아니하리라 하니라 여호와의 말씀이 엘리야에게 임하여 이르시되 너는 여기서 떠나 동쪽으로 가서 요단 앞 그릿 시냇가에 숨고 그 시냇물을 마시라 내가 까마귀들에게 명령하여 거기서 너를 먹이게 하리라 그가 여호와의 말씀과 같이 하여 곧 가서 요단 앞 그릿 시냇가에 머물매 까마귀들이 아침에도 떡과 고기를, 저녁에도 떡과 고기를 가져왔고 그가

시냇물을 마셨으나 땅에 비가 내리지 아니하므로 얼마 후에 그 시내
가 마르니라(개역개정 왕상17:1~6)

'엘리야와 까마귀밥'이라는 강의를 통하여 정명석이 말하고자 하는
것은 무엇인가? 수강자들로 하여금 성경은 비유로 해석해야 한다는
것과, 정명석 자신의 형벌 받음도 엘리야와 같은 의인의 고난으로 합
리화하기 위함이다.

## 1) 정명석의 주장[102]

### (1) 문자대로 믿는다면 생겨나는 의문점들
① 왜 하나님은 부정한 새인 까마귀를 통해 엘리야를 먹이셨을까?
새 중에 까마귀는 가증한 것으로 분류되는 바(레11:13-15), 왜 하
필이면 그런 까마귀에게 음식 심부름을 시켰을까? 이왕이면 비둘기
를 시킨다든지, 부리가 큰 페리카나 같은 새를 시켰다면 더 많은 양의
음식을 가져왔을 것 아닌가?

② 왜 하나님은 음식 중에 떡과 고기만 주문하시고, 점심은 안 주시
고 아침과 저녁에만 음식을 가져다주게 했을까?
사람이 떡과 고기만 먹고 산다면 건강에도 좋지 않다. 이왕이면 점
심도 챙겨주었다면 더 좋았을 것이다.

---

102) 세계청년대학생MS연맹, 『입문편』, 33-40.

(2)까마귀와 까마귀밥의 실체는 무엇인가?

① 엘리야는 까마귀가 물어다 주는 기적의 음식을 먹은 일이 없었다.

엘리야도 처음에는 기적의 까마귀가 언제 나타날 것인가 하고 기다렸겠지만 떡과 고기를 가져오는 까마귀는 한 마리도 없었다. 왜냐하면 가뭄이 들어 사람도 다 굶어주는 판에 까마귀가 떡과 고기 같은 귀한 음식을 가져다 줄 수 없었다.

② 그릿 시냇가의 종교적 특성을 이해해야 한다.

당시의 종교적 상황에서 이스라엘 백성들이 섬기던 우상은 바알과 아세라 목상들이었다. 그래서 가뭄이 극심해지자, 이들은 하나님을 찾기보다는 오히려 비가 오라고 평소보다 우상숭배에 더욱 광분하던 상황이었다. 엘리야가 있었던 시냇가는 바로 이들이 우상을 가장 열심히 숭배하던 지역이었다.

③ 아침과 저녁에 드리는 떡과 고기는 제사 음식이다.

우상 숭배하는 사람들이 매일 아침과 저녁으로 제사를 드리고 음식을 놓고 간다. 성경에도 보면 제사 드릴 때는 아침과 저녁으로 번제물을 드렸다(출29:38~41).

④ 까마귀는 우상 숭배자를 비유한 것이다.

엘리야는 아침과 저녁으로 북이스라엘 사람들이 우상숭배하기 위해 가져오는 떡과 고기를 보고 '아 저들이 바로 하나님께서 말씀하신 까마귀들이구나!'라는 것을 깨달았다. 하나님은 영적으로 죽은 자들을 까마귀로 표현한 것이다.

정명석도 삼각산에서 기도할 때, 제사 밥을 먹은 적이 있는데, 그때 엘리야의 상황을 이해하게 되었다고 한다.

> 먹을 것이 없어서 눈덩어리를 집어 삼켰는데, 알고 보니 그 눈은 제사떡이 뭉쳐진 눈이었다. 그것을 알고 뱉으려 하자, 그 순간 2900년 전 엘리야가 먹은 그 까마귀밥의 실체가 무엇인가 돌연 깨닫게 되었다. 그 때 예수님께서 "맞다. 그때 엘리야가 먹은 까마귀밥은 바로 눈물의 떡이자, 그 시대 의인이 시대를 위하여 십자가를 져 준 것과 같은 슬픔의 음식이었다."[103]

한 마디로, 정명석에 의하면, 까마귀는 우상숭배자들을 비유한 것이다. 우상숭배자들이 아침과 저녁으로 우상숭배하기 위해 음식을 가져왔고, 제사가 끝난 후 남겨놓고 간 그 음식을 엘리야가 먹었다는 것이다.

## 2) 반증

### (1) 성경의 역사적 기록을 불신하는 일이다.

까마귀를 우상숭배자로 푸는 것은 성경의 명백한 기록을 부인하는 일이다. 이것은 하나님의 직접적인 말씀이기 때문에 비유로 볼 수 없다.

---

103) 세계청년대학생MS연맹, 『입문용』, 37. 기독교복음선교회, 『강의안』, 45.

> *까마귀들이 아침에도 떡과 고기를, 저녁에도 떡과 고기를 가져왔*
> *고 그가 시냇물을 마셨으나(왕상17:6)*

### (2) 거짓말하지 않으시는 하나님

진실하신 하나님께서 거짓말로 말씀하실 리가 없다. 진실한 사람이
라면 항상 명확한 말을 하여 자신의 뜻을 표현한다는 것은 공인된 하
나의 원리이다.[104] 양심적인 사람들은 궤변가들의 애매한 말투를 결
단코 용납하지 않는다. 진실한 사람이 고의적으로 애매한 말을 사용
하지 않는다고 할진대 하물며 절대적으로 진리가 되시는 하나님께서
잘못 인도하는 계시를 우리에게 주실 리가 없다.[105] 엘리야는 하나님
의 말씀이라면 생명 보다 더 귀하게 여겼던 선지자인데, 그런 선지자
에게 진실하신 하나님께서 비유나 은어를 써가면서 혼란케 할 리가
없다.

> *그 시냇물을 마시라 내가 까마귀들에게 명령하여 거기서 너를 먹*
> *이게 하리라(왕상17:4)*

### (3) 엘리야를 먹이신 하나님

정명석의 비유론은, 엘리야가 식사시간이 되었어도 하나님이 보내
주신다던 까마귀는 오지 않자, 배고픈 나머지 돌아다니게 되었고, 그
렇게 돌아다니다가 제삿밥을 발견하고 먹었다고 했다. 그러나 성경

104) L. Berkhof, B.D. 『성경 해석학』 윤종호·송종섭 역 (서울: 개혁주의신행협회, 2007), 75-76.
105) L. Berkhof, B.D. 『성경 해석학』 윤종호·송종섭 역, 75-76.

에는 까마귀들을 명령하여 엘리야를 먹인다고 하셨지, 엘리야가 돌아다니다가 스스로 찾아 먹게 하리라고 말씀하지 않으셨다. 하나님의 말씀에 더하지 말아야 한다. 더하게 되면 거짓말하는 자가 되고 멸망을 자초하게 된다(잠30:6).

*내가 까마귀들을 명령하여 거기서 너를 먹이게 하리라(왕상17:4)*

(4) 비유풀이가 논리에 맞지 않다.

떡과 고기, 아침과 저녁, 가뭄 등은 다 문자로 해석하면서, 까마귀만을 비유로 보는 것은 논리적 형평성이 맞지 않다. 하나님께서 계시할 때는 자신의 뜻과 구원의 길을 인간에게 계시하기 위함이다.[106] 계시의 목적상 하나님께서 인간에게 애매한 계시를 주신다는 것은 생각하기 어렵다. 하나님께서 엘리야에게 비유로 말씀하셨다면 하나님께서 계시하시려고 하는 그 목적에 부합되지 않는다. 비유와 역사적 사실을 혼용해서 쓰면 의미전달에 문제가 발생한다. 정명석의 비유론은, 엘리야가 하나님의 비유를 몰랐다면, 제삿밥을 찾지 않았을 것이고, 결국 굶어죽었을 것이라고 말하는 것이다.

(5) 까마귀가 부정한 동물인가?

까마귀가 부정한 동물이라서 우상 숭배자를 비유한 것이라면, 독수리도 부정한 동물이다(레11:13). 정명석은 동방의 독수리를 한국의 재림예수를 비유한 것이라고 풀었다. 어찌 재림예수님을 부정한 동

---

106) L. Berkhof, B.D. 『성경 해석학』 윤종호 송종섭 역, 76.

물인 독수리로 비유할 수 있는가? 독수리는 부정해도 메시아라고 풀면서, 까마귀는 부정하니까 우상숭배자로 푸는 것은 맞지 않다. 정명석은 자기가 중국 감옥에서 있었을 때, 까마귀 6,000마리 정도가 옥(獄) 앞 상공에 나타났다고 한다. 정명석은 그것을 보고 중국에 어떤 재난이 올 것을 알았다고 했다. 정명석이 한국에 돌아온 후 쓰촨성 지진으로 30만 명 이상이 부상을 입고, 사망 및 실종자는 8만 명 이상이나 되었다고 한다.[107]

만약, 정명석의 그 까마귀 이야기를 들은 사람들이, 그 이야기를 정명석의 비유풀이 식으로 해석한다고 해보자. 우상숭배자들 6,000명이 나타나서 옥상 공중에서 군무(群舞)를 했다고 해석해야 할 것이다. 그러나 정명석은, 자기에게 까마귀 6,000마리가 옥상에 나타났다고 말했을 때, 그것은 하나님께서 자기에게 까마귀 6,000마리로 하여금 중국에서 발생할 재난을 미리 보여준 것이라고 해석했다. 자기에게는 실제 까마귀 통해 계시해 주었다고 말하면서, 하나님께서 엘리야에게 까마귀 보내서 떡과 고기를 날라주었다는 것은 왜 부정하는가?

비유로 푼다는 것은 사실 역사성을 부인하는 것이다. 까마귀가 떡과 고기 날라다 주는 것은 어려워서 안 되는가? 하나님께서 직접적으로 말씀하신 것은 비유로 해석하면 안 된다. 노아도 까마귀와 비둘기를 날려 보내서 비가 그쳤는지, 배에서 내려가도 좋을 지를 판단하였다. 노아의 까마귀는 조류 까마귀이고, 엘리야의 까마귀는 우상숭배자인가? 노아의 까마귀가 조류 까마귀라면, 엘리야의 까마귀도 조류 까마귀여야 한다. 그런데 왜 하나님께서 까마귀에게 명령내릴 수 없

107) 기독교복음선교회, 『실제 보는 강의안』, (충남: 도서출판 명, 2012), 240-241.

다고 단정 짓는가? 하나님은 필요하시면 나귀의 입을 열어서라도 잘못된 길을 가는 발람의 묻는 말에 대답하게 하셨다(민22:28). 하나님께는 너무 어려워서 못하실 일이 없다.

> 대저 하나님의 모든 말씀은 능하지 못하심이 없느니라(For no word from God will ever fail. 눅1:37)
> 여호와께 능하지 못한 일이 있겠느냐?(Is anything too hard for the Lord? 창18:14)

정명석 비유론의 "엘리야와 까마귀 밥"은, 하나님께서 행하신 놀라운 기적들을 불신하게 만들고, 성경의 권위와 역사성을 무너뜨린다. 반면에 이러한 비유론 성경해석은 예수님과 멀어지게 하고, 그 대신 인간 교주를 재림예수라고 점점 믿어지게 만든다.

# IV. 메시아에 관한 JMS(정명석)비유론

1. 왕벌
　　○ JMS(정명석)의 주장
　　　　(1) 허무한 문자신앙
　　　　(2) 히위족속, 가나안 족속, 헷 족속의 의미
　　　　(3) 왕벌은 여호수아이다
　　　　(4) 왕벌로 비유한 원인
　　　　(5) 왕벌과 일벌의 세계는 어떠한가?

2. 독수리 비유
　　○ JMS(정명석)의 주장
　　　　(1) 독수리는 메시아이다
　　　　(2) 동방은 한국이다
　　　　(3) 왜 하필이면 독수리인가?
　　　　(4) 독수리의 특성

# Ⅳ. 메시아에 관한 JMS(정명석)의 비유론

JMS(정명석)의 왕벌과 독수리에 대한 비유론은 JMS교를 이해하는데 아주 중요하다. 왜냐하면 정명석 자신은 이 시대의 왕벌이고, 이 시대의 동방의 독수리라고 주장하기 때문이다. 그래서 현재 JMS단체는 왕벌조직으로 운영되고 있고, 독수리를 JMS의 상징으로 내세운다. 정명석은 이 시대의 왕벌인가? 동방의 독수리가 정명석인가? 먼저 왕벌부터 시작한다.

## 1. 왕벌

> 내가 왕벌을 네 앞에 보내리니 그 벌이 히위 족속과 가나안 족속과 헷 족속을 네 앞에서 쫓아내리라(출23:28)
> 네 하나님 여호와께서 또 왕벌을 그들 중에 보내어 그들의 남은 자와 너를 피하여 숨은 자를 멸하시리니(신7:20)

### 1) JMS(정명석)의 주장

(1) 허무한 문자신앙이다

이 말씀은 하나님께서 왕벌을 보내어 히위 족속, 가나안 족속, 헷 족속을 쫓아낸다는 말씀이다. 이 본문을 문자 그대로 믿는다면 어떤 왕벌이 그 엄청난 히위 족속, 가나안 족속, 헷 족속을 쫓아낸다는 말인가?[108] 이 본문을 비유로 보지 않고 문자 그대로만 믿어 하나님을 전지전능한 능력의 하나님으로, 표적의 하나님으로만 믿고 허무한 신앙생활을 할 것인가?[109] 실제 왕벌이 각 족속들을 내쫓는다는 것은 있을 수 없다. 그런 문자신앙은 허무한 것이다.

### (2) 히위 족속, 가나안 족속, 헷 족속의 의미

히위 족속, 가나안 족속, 헷 족속들은 이스라엘 민족이 애굽을 떠나 홍해를 건너서 신 광야에서 마주친 원주민들이었다. 때는 B.C. 13세기였으며 신 광야에는 대표적 족속들인 일곱 족속들이 살고 있었다.[110]

### (3) 왕벌은 여호수아이다

정명석은, 왕벌이 여호수아를 가리켜 말한 것이 분명하다고 단언한다.[111] 역사적으로 볼 때, 왕벌을 보내서 무찌른다고 하셨는데, 실제로 여호수아가 앞장서서 원주민을 몰아냈다. 출애굽기 17장 13절에서 "여호수아가 칼날로 아말렉과 그 백성을 쳐서 무찌르니라"고 하였다. 그러므로 비유로 말씀하시는 하나님(겔20:49)께서 여호수아를 왕벌이라 비유 한 것이다.[112] 여호수아뿐만 아니라 모세도 왕벌이라

---

108) 정명석, 『비유론』, 28
109) 정명석, 『비유론』, 28
110) 정명석, 『비유론』, 28
111) 정명석, 『비유론』, 28; 정명석은 처음에는 왕벌을 모세라고 가르치다가 나중에 여호수아로 바꾸었다. 어떤 때는 두 사람을 다 포함하기도 한다.
112) 정명석, 『비유론』, 28

할 수 있다.[113]

(4) 왕벌로 비유한 원인[114]

① 벌은 하루에 1천여 송이가 넘는 꽃들을 좇아다니며 꿀을 만들고 꽃들을 수정시켜  인간세계나 식물세계에 없어서는 안 될 유익한 곤충이다.

② 뛰어난 조직력과 막강한 군사력 때문이다.

③ 벌은 인간 사회 뿐만 아니라 식물 세계에서도 유익한 곤충이다.

④ 벌은 깨끗하고 깔끔하고 부지런하다.

⑤ 한 통에 6만 마리로 구성되어 있고 각기 개성대로 일하고 있으므로 한 마리도 놀거나 책임 없이 얼쩡거리는 실업자가 없는 세계이다.

(5) 왕벌과 일벌의 세계는 어떠한가?[115]

① 왕벌과 일벌은 종의 관계도 아니고 형제 관계도 아니고 애인일체 관계이다.

② 지상천국과 같은 조직이다. 왜냐하면 그가 왕이니까 존경해야 하고, 또한 사랑의 대상이므로 사랑할 수밖에 없으니 흐트러지거나 분산될 수 없다. 만약 어느 민족이 왕벌조직과 같이 된다면 최첨단의 이상적인 나라가 되어 지상천국의 세계가 될 것이다.

③ 벌 한 마리가 무리를 떠나서 살 수 없듯이, 이 시대 섭리의 중심

---

113) 정명석, 『비유론』, 29
114) 정명석, 『비유론』, 29
115) 정명석, 『비유론』, 30

권(JMS단체-필자 주)을 떠나가면 꿀 같은 말씀을 들을 수 없어 배고플 것이고, 사랑의 대상을 잃어버려 심적 고통은 이루 말할 수 없을 것이다. 마치 집 떠난 탕자처럼 된다.

④ 벌은 무력이나 권력의 통치가 아닌 질서와 체계적인 다스림의 세계이다.

## 2) 반 증

### (1) 문자신앙이 허무한가?

정명석은 성경을 문자대로 믿는 것이 허무맹랑한 신앙이라 하였다. 과연 문자대로 믿는 것이 허무맹랑한 신앙인가? 천지창조하신 하나님을 믿는다면 왕벌을 보내주시겠다는 말씀을 믿는 것이 어찌 허무맹랑한 신앙인가? 참 신앙이다. 하나님의 약속을 믿는 믿음이야 말로 참된 신앙이다.

하나님께서 99세 된 아브라함에게 "내년에 아들을 낳으리라 약속하셨다"(창17:19). 그것을 믿는 것이 허무맹랑한 일인가? 아브라함의 아내 사라(Sarah)가 89세 때 그 말을 듣고 속으로 웃을 때에, 하나님께서 " 여호와께 능하지 못한 일이 있겠느냐? (Is anything too hard for the Lord? NIV.)"(창18:14)고 반문하셨다. 결국 하나님의 말씀대로 아브라함은 100세 때, 사라는 90세 때 이삭을 낳았다. 하나님의 약속을 믿는 것은 결코 허무맹랑한 것이 아니다. 오히려 하나님께서 말씀하셨는데도 믿지 않는 것이 허무맹랑한 것이다.

이사야 선지자가 "보라 처녀가 잉태하여 아들을 낳을 것이요"(사

7:14) 라고 예언했다. 그것을 믿는 것이 허무맹랑한가? 가브리엘 천
사로부터 수태고지(受胎告知)를 들은 처녀 마리아가 반문한다. "나
는 남자를 알지 못하니 어찌 이 일이 있으리이까"(눅1:34). 이에 가브
리엘 천사는 "대저 하나님의 모든 말씀은 능하지 못하심이 없느니라
(For nothing is impossible with God. NIV)"(눅1:37)고 대답한다.

다윗은 "주의 거룩한 자로 썩지 않게 하실 것임이니이다"(시16:10,
개혁한글)고 예언하였다. 그 예언대로 예수님은 육신이 썩음을 당하
지 않고 부활하셨다(행2:31~32). 믿음은 "바라는 것들의 실상이요
보이지 않는 것들의 증거니"(히11:1)라고 했다. 그러므로 하나님의
말씀을 믿는 것은 결코 허무맹랑한 일이 아니고, 잘못된 것도 아니다.

하나님께서는 하나님께서 약속하신 것은 반드시 책임을 지시는 분
이다(민23:19). 문제는 그 일이 어려운 일인가 아니면 쉬운 일인가가
아니라 다만 그 일이 하나님께서 약속하신 것이냐, 약속하지 않은 것
이냐에 달렸다. 기적이란 하나님의 능력이 우리의 삶 속에서 특별하
게 역사하심으로써 일어나는 사건이다.[116] 그러나 정명석의 비유론은
성경에 기록된 기적들에 대하여 불신하게 만든다.

### (2) 히위 족속, 헷 족속, 가나안 족속은 신 광야의 원주민들인가?

정명석은 히위 족속, 헷 족속, 가나안 족속을 신광야 족속들이라고
하였다. 틀린 말이다. 그들은 신 광야 땅의 원주민들이 아니라, 가나
안 땅에 거주하던 족속들이다. 이스라엘 민족이 요단강을 건너 가나
안 땅에 들어가면서 싸웠던 족속들이다. 이스라엘 백성이 광야에서

---
116) William Barclay, 『예수의 치유이적 해석』, 김득중 역 (서울: 컨콜디아사, 1984), 9.

만난 족속은 정명석의 주장처럼 히위족속, 가나안 족속, 헷 족속이 아니라 아말렉 족속이었다.

*그 때에 아말렉이 와서 이스라엘과 르비딤에서 싸우니라(출17:8)*

르비딤은 신광야와 시내 산 사이에 있었던 평야이다.[117] 히위 족속, 헷 족속, 가나안 족속 등은 신광야의 원주민들이 아니라, 가나안 땅에 살던 족속들이다.

(3) 왕벌은 무엇인가?
① 왕벌은 여호수아가 아니다.
출애굽기 17장 13절에서 여호수아가 칼날로 쳐서 파한 족속은 아말렉이다. 아말렉 족속은 히위 족속, 가나안 족속, 헷 족속이 아니라 에돔 족속이다(창36:12). 에돔 족속은 에서의 후손들이다(창36:19). 왕벌은 히위 족속과 가나안 족속, 헷 족속을 친다고 했지, 에돔 족속을 친다고 하지 않았다. 그러므로 여호수아가 아말렉을 쳤으니 여호수아가 왕벌이라는 말은 맞지 않다. 왕벌이 히위 족속, 가나안 족속, 헷족속을 물리친 것과 여호수아가 광야 땅에서 아말렉을 친 것과는 별개의 사건이다. 따라서 왕벌은 여호수아가 아니다.

② 왕벌보다는 말벌이 정확한 번역이다.
하나님께서 왕벌을 이스라엘 앞에 보내어 아모리 사람의 두 왕을

---

117) 『성경·찬송 낱말 사전』 (서울: 도서출판 첨탑, 2006), 212.

쫓아내셨다. 어떤 사람을 통하여 한 것이 아니었다. 하나님께서 어떤 사람의 칼이나 사람의 활로써 한 것이 아니라고 분명히 말씀하셨기 때문이다.

> 내가 왕벌을 너희 앞에 보내어 그 아모리 족속의 두 왕을 너희 앞 에서 쫓아내게 하였나니 너희 칼이나 너희 활로써 이같이 한 것이 아니며(수 24:12)

그러므로 왕벌은 여호수아나 모세라고 볼 수 없다.

정명석은 왕벌을 당연히 여왕벌이라 생각하고 그의 주장을 전개 했다. 그러나 히브리어 성경은 찌르아(צרעה)라는 단어인데, 찌르아 는 말벌을 가리키는 단어이다.[118] 영어성경에도 여왕벌을 가리키는 the Queen Bee로 나와 있지 않고, 대신 (장수)말벌을 가리키는 the hornet로 나와 있다. 다른 번역본들, 예를 들면, 공동번역, 표준새번 역, KJV흠정역 성경에는 다 '말벌'로 나와 있다.

> 나는 너희 가는 곳에 말벌을 앞질러 보내어 히위족과 가나안족과 헷족을 너희 앞에서 쫓아내겠다(출23:28. 공동번역)

왕벌이 아니라 말벌이라면 정명석의 주장처럼 '한 통에 6만 마리씩 들어가고, 꿀을 먹지 않으면 못 산다'[119]고 하는 말들을 할 수가 없다.

---

118) 라형택(편), 『스트롱코드』, (서울: 도서출판 로고스, 2012), 405.
119) 정명석 , 『비유론』, 29-30.

왜냐하면 말벌은 600마리에서 2000마리 정도가 모여서 산다. 말벌은 잡식성으로 꿀벌과 기타곤충, 수액, 애벌레, 사마귀. 심지어 파리와 바퀴벌레를 잡아먹기도 한다.[120] 정명석의'미국에서만 1년에 9만 톤의 꿀을 만들어내 경제적으로나 건강식품으로 이렇게 인류에게 유익한 곤충은 없을 것'[121]이라고 칭찬 했으나 그런 말들도 의미가 없어진다. 말벌은 꿀벌의 천적으로서 해충이라고 할 수 있다.

 ③ 왕벌, 일벌, 수벌, 그리고 정명석.
 정명석은 남자(수컷)이지만, 왕벌은 암컷이다. 그러므로 정명석은 왕벌이 될 수 없다. 정명석은 왕벌과 일벌은 애인지간이라 했는데, 왕벌도 암컷이고 일벌도 암컷이다. 그런데 어찌 애인지간이라 할 수 있는가? 정명석은 일벌을 수컷으로 알았거나, 아니면 왕벌을 수컷으로 알았거나 제대로 알지 못했던 것이다. 정명석은 벌들은 실업자도 없고 얼쩡거리는 벌도 하나도 없다고 극찬했으나, 그렇지 않다. 수벌들은 일하지 않고 여왕벌과 교미만을 행한다. 그리고 겨울에는 수벌들이 무위도식하고 꿀만 축내기 때문에 일벌들에 의해 죽임을 당한다.[122] 벌 조직은 우리 모두가 지향해야할 이상세계가 아니라 오히려 피도 눈물도 없는 비정한 사회이다. 그저 본능에 따라 움직이는 곤충조직일 뿐이다. 왕벌조직이 이상세계라는 정명석의 말은 자기도 왕벌처럼 왕 노릇 하며 살고 싶은, 독재 권력에 대한 욕구를 미화한 것에 불과하다.

---

120) http://jdm0777.com/a-yakchotxt/malbul.htm 2017년 9월 26일 접속.
121) 정명석 , 『비유론』, 29.
122) http://blog.naver.com/ssog1/221001146339 2017년 9월 26일 접속

④ 말벌(왕벌)은 실제 말벌이었다.

정명석은 어찌 왕벌이 그 큰 족속들을 내쫓을 수 있겠는가 반문하고 그런 것은 불가능하다고 주장했다. 그래서 여호수아라고 풀었다. 그러나 하나님은 하실 수 있다. 왜냐하면 하나님께서는 벌떼를 이용하여 사람들을 내쫓을 수도 있고, 진로를 바꿀 수도 있기 때문이다. 애굽의 10가지 재앙 때를 살펴보자.

> 네가 만일 보내기를 거절하면 내가 개구리로 너의 온 땅을 치리라 (출8:2)
> 네가 만일 내 백성을 보내지 아니하면 내가 너와 네 신하와 네 백성과 네 집들에 파리 떼를 보내리니 애굽 사람의 집집에 파리 떼가 가득할 것이며 그들이 사는 땅에도 그러하리라(출8:21)
> 네가 만일 내 백성 보내기를 거절하면 내일 내가 메뚜기를 네 경내에 들어가게 하리니(출10:4)

개구리로 온 땅을 친다고 하셨는데 실제로 개구리가 온 땅을 쳤다(출8:6). 파리 떼를 보낸다고 하셨는데 실제로 파리 떼를 보내 온 땅이 황폐하게 하였다(출8:24). 메뚜기 떼를 보낸다고 하셨는데 실제로 메뚜기가 온 땅을 덮쳐 땅이 어두울 지경이었다(출10:14-15). 시편 기자도 하나님께서 애굽에게 내리셨던 만물을 통한 진노를 일일이 언급하였다. 쇠파리 떼, 개구리 떼, 황충 떼, 메뚜기 떼들이다.

> 쇠파리 떼를 보내 그들에게 보내어 그들을 물게 하시고 개구리를

보내어 해하게 하셨으며 그들의 토산물을 황충에게 주셨고 그들이
수고한 것을 메뚜기에게 주셨으며(시78:45~46)

이 만물들은 비유가 아니라 실제 만물들이었다. 그러므로 애굽에서
의 곤충은 실제 곤충이고 가나안에서의 곤충은 곤충이 아니라는 것
은 형평성에 맞지 않는다. 여기서도 말벌을 보내셔서 히위족 속과 가
나안 족속과 헷 족속을 쫓아내신다고 하셨으니, 문자 그대로 말벌을
보내 쫓아 주셨던 것이다. 억지로 여호수아나 모세로 풀 필요가 없었
다.

성경의 기록이 역사적으로 믿을 만한가? 실제적으로 그런 일이 일
어나지 않았다면 성경은 거짓말 책이 된다. 과연 벌떼로 말미암아 군
대가 도망가는 일이 현대에도 가능한가? 1948년 5월 15일에 아랍 5
개국이 이스라엘을 쳐들어와 일어난 전쟁이 있었다. 그 전쟁에서 벌
떼로 말미암아 이스라엘이 생각지 못한 승리를 거두게 된다. 이것은
1967년 6월 5일에서 11일까지 일어났던 6일 전쟁과는 다른 전쟁이
다.

이스라엘이 BC 606년에 정치적 주권을 상실한 후 1948년 5월 15
일 이스라엘 정부가 수립되었다. 이는 실로 2554년 만에 일이었다.
그러자 1948년 5월 16일에 이스라엘 주변에 있던 5개국 즉 레바논,
요르단, 시리아, 이라크, 이집트가 동시에 탱크를 몰고 이스라엘을
공격해 왔다. 당시 이스라엘 국방장관은 모세 다이얀이었다. 공교롭
게도 일치하는 것은 이스라엘이 430년간의 애굽 종살이를 마치고

모세를 통하여 극적인 해방을 맞이하자마자 앞에는 홍해 뒤에는 애굽의 추격병들로 인하여 위기를 당했던 것과 똑 같다. 지도자의 이름도 모세이고, 장기간의 압박과 박해에서 극적으로 독립한 것도 똑 같고, 독립하자마자 추격을 받는 것도 똑 같았다. 이때 이스라엘 사람들은 하나님을 향하여 생명을 걸고 기도하는 수밖에 없었다. 그때였다. 어디서 날아왔는지 큰 왕벌이 떼를 지어 와서 아랍의 군사들과 탱크 속에 들어 있는 기사들을 마구쏘아 대었다. 그리고 하나님은 아랍 군사들의 눈을 열어서 이스라엘 진에 천사들이 둘러 진치고 있음을 보게 하셨다. 이 순간 아랍의 군사들은 자기들이 섬기는 알라신이 자기들을 돕지 않는다고 판단하고 5월 18일 퇴각하였다. 이렇게 하여 1948년 5월 15일에 독립된 이스라엘은 5월 16일과 17일 양 이틀간에 걸친 이 충격적인 전쟁에서 구원함을 받았다.[123]

⑤ 왕벌(말벌)은 천사인가?

　　내가 왕벌을 네 앞에 보내리니 그 벌이 히위 족속과 가나안 족속과 헷 족속을 네 앞에서 쫓아내리라(출23:28)

다른 성구를 보자

　　내 **사자**가 네 앞서 가서 너를 아모리 사람과 헷 사람과 브리스 사

---

123) 천정웅, 『시한부 종말론과 실현된 종말론』 (서울: 말씀의 집, 1991), 39; 천정웅, 『장별 성경연구를 위한 다니엘』 (서울: 말씀의 집, 1991), 214-215.

람과 가나안 사람과 히위 사람과 여부스 사람에게로 인도하고 나는
그들을 끊으리니(출23:23)

여기서 보면 왕벌은 사자(천사)라고 읽을 수 있다. 영어성경을 보자.

I will send **the hornet** ahead of you to drive the Hivites,
Canaanites and Hittites out of your way.(출23:28)
**My angel** will go ahead of you and bring you into the land of
Amorites, Hittites, Perrizites, Canaanites, Hivites, and Jebusites,
and I will wipe them out.(출23:23)

내가 **사자**를 네 앞서 보내어 가나안 사람과 아모리 사람과 헷 사람
과 브리스 사람과 히위 사람과 여부스 사람을 쫓아내고(출33:2)
I will send **an angel** before you and drive out the Canaanites,
Amorites, Hittites, Perizzites, Hivites and Jebusites.(출33:2)

출애굽기 23장 28절에서는 왕벌을 보내 히위족속, 가나안 족속, 헷
족속을 쫓아내신다고 하셨고, 출애굽기23장 23절과 출애굽기33장 2
절에서는 천사를 보내 히위족속, 가나안 족속, 헷 족속을 쫓아내신다
고 했으니 왕벌은 천사로도 볼 수 있다.

그러나 성경을 해석할 때 가장 우선적인 해석은 문자적 해석이다.
말벌은 말벌로 읽고 천사는 천사로 읽어야 한다. 왜냐하면 하나님께
서는 약속대로 말벌은 말벌대로 보내주셨고, 천사는 천사대로 보내

주셨기 때문이다. 하나님께서는 천사를 보내 출애굽하게 하셨고, 광야 때도 천사를 보내 주셨고, 가나안 땅에 입성할 때도 천사를 보내 가나안 족속들을 치게 하셨다.

> 우리가 여호와께 부르짖었더니 우리 소리를 들으시고 천사를 보내사 우리를 애굽에서 인도하여 내셨나이다(민20:16)
> 시내 산에서 말하던 그 천사와 및 우리 조상들과 함께 광야 교회에 있었고 또 살아있는 말씀을 받아 우리에게 주던 자가 이 사람이라 (행7:38)

정리하면, 이스라엘 족속이 가나안 땅에 입성하면서, 히위 족속, 가나안 족속, 헷 족속과 전쟁을 하였다. 그때 어디선가 말벌 떼가 나타나 히위 족속, 가나안 족속, 헷 족속들을 쏘아댔다. 벌의 위력은 대단했다. 산에서 벌초하다가 벌에 쏘이면 죽을 수도 있음으로 가장 좋은 방법은 그 자리에서 빨리 벗어나는 것이다. 지금도 방충복을 완전히 갖추지 않았다면, 접근하지 말아야 한다. 특히 말벌은 독성이 유독 강해서 한번 쏘이면 죽을 수도 있기 때문에, 만나면 빨리 도망가야 한다.[124]

그와 같이 히위 족속, 가나안 족속, 헷 족속들도 어디선가 날라 온 말 벌떼의 공격을 받고 혼비백산하여 줄행랑을 쳤던 것이다. 그 벌떼들은 천사의 사역으로 동원되었다. 천사들은 하나님의 사역자로서 하나님의 명령을 따른다. 결국 하나님께서 "말벌을 보내 히위족속,

---

124) https://ko.wikipedia.org/wiki/등검은말벌. 2019년 3월 18일 접속

가나안 족속, 헷 족속을 쫓아내리라” 하던 말씀이 실체적으로 이루어 졌다. 그것은“너희의 칼이나 너희의 활로써 이같이 한 것이 아니며” (수24:12)라고 하신 말씀과 조화를 이룬다.

　최근에 말벌과의 전쟁을 한 좋은 예화가 있다. 경상북도는 2017 년 추석연휴를 맞이하여 ‘벌떼와의 전쟁’을 선포했다.[125] 그리고 119 소방대원과 통장·이장 등을 모아 말벌퇴치단 1만 1천명을 구성하였 다. 말벌은 꿀벌보다 독성이 600배나 강하여, 경상북도에서만 2018 년 추석연휴 5일 동안 88명이 벌에 쏘여 병원으로 이송되었다. 그리 고 2017년 한해에만 벌에 쏘여 구급차에 실려가 치료 받은 사람들이 680명이나 된다고 한다.

　아프리카 사바나에서는 코끼리 떼도 벌 떼를 만나면 줄행랑을 친 다. 심지어 코끼리는 벌의 윙윙 거리는 소리만 들려줘도 그 자리를 황 급히 떠난다고 한다.[126] 그리고 벌통을 10m 간격으로 놓기만 해도 코 끼리들의 접근을 막을 수 있다고 한다. 아프리카에서는 코끼리 떼의 습격으로 농작물을 망치는 경우가 많은데, 10m 간격으로 기둥에 벌 집을 달아놓고 철사 줄로 연결하기만 하면 된다. 왜냐하면 코끼리가 침입하다 철사 줄을 건드리면 벌들이 코끼리를 공격하여 내 쫓아 주 기 때문이다.[127]

　그와 같이 가나안의 여러 족속들도 말벌들이 공격하니 도망갈 수밖

125)　http://go.seoul.co.kr/news/newsView.php?id=20170926500091&wlog_ tag3=naver 2017년 9월 26일 접속

126)　http://dl.dongascience.com/magazine/view/S200711N014 과학동아 2017년 12월 11일 접속

127)　http://nownews.seoul.co.kr/news/newsView.php?id=20100506601001 나우뉴스 2017년 12월 11일 접속

에 없었던 것이다. 하나님께서는 약속하신 대로 말벌 떼를 보내서 히위 족속과 가나안 족속과 헷 족속들을 물리치셨던 것이다.

그러나 정명석의 왕벌 비유는 말벌을 왕벌로 오해한 것이고, 그 왕벌을 여호수아로 잘못 해석했고, 그리고 정명석 자신도 이 시대의 왕벌이라고 주장한 것이다. 그것은 자기신격화 노릇이고, 정명석과 왕벌과는 아무런 상관이 없다. 정명석의 왕벌 비유는 '어떻게 왕벌이 그 엄청난 사람들을 내쫓을 수 있겠냐'하는 불신앙이 빚어낸 엉터리 해석의 표본이다.

우리 각자가 성경을 읽고 해석할 수는 있다. 이러한 성경에 대한 사적(私的) 해석의 권리는 종교개혁의 위대한 유산이다. 하지만 사적 해석의 권리에는 성경을 바르게 해석해야할 의무가 수반된다. 우리는 성경의 진리를 발견할 자유가 있다. 그렇다고 성경을 자기 맘대로 풀어 자신들의 진리로 꾸며낼 자유는 없다.[128]

### (4) 왕벌을 여호수아라고 푼 이유

정명석이 왕벌을 여호수아로 푼 것은 정명석 자신도 이 시대의 왕벌이 되고 싶었기 때문이었다. 정명석이 왕벌이면 회원들은 일벌과 수벌이 되고, 그 조직(단체)은 정명석을 왕벌처럼 섬기게 된다. 그리고 정명석이 왕벌이면 정명석의 말씀은 꿀이 된다. 그러므로 벌들이 꿀만 먹고 살 듯이, 회원들은 정명석 말씀만 들어야지 다른 말씀 들으면 죽게 된다고 세뇌된다. 이런 것이야말로 혹세무민이다. 정명석이 벌의 생태조직을 이상세계라고 극찬한 것은 '그와 같이 그러하다'

---

128) R.C. Sproul 『기독교의 핵심진리 102가지』, 58.

고 하며 정명석의 독재 권력을 미화하기 위함이었다. 그러나 왕벌(말벌)은 여호수아가 아니라 실제 왕벌(말벌)이었다. 그러므로 그의 왕벌 비유는 비 진리요 거짓말이다. 이와 같이 성경을 그릇되게 해석하여, 성경 구절 가지고 자기를 증거 하는 사람들이 바로 적그리스도요 거짓 선지자인 것이다.

### (5) 왕벌비유가 끼치는 해악들

① 이 시대의 왕벌은 정명석이라고 주장하는 것이다.

모세나 여호수아를 왕벌로 보는 것은 이 시대의 사명자인 자기야말로 왕벌이라는 것을 주장하기 위함이다. 그래서 이들은 교회가 합해지는 것을 합봉(合蜂)이라 하고, 교회를 나누는 것을 분봉(分蜂)이라고 한다. 이런 용어는 JMS조직이 왕벌조직이라고 말하는 것이다. 자연히 메시야인 정명석은 왕벌이 되고, 따르는 사람들은 일벌과 수벌이 된다. 정명석(왕벌)과 주위에 둘러 선 사람들(일벌, 수벌)은 주종(主從)관계이지만, 일대일에서는 전부 애인관계이다. 그러므로 공식적으로는 주종관계지만(교주와 신도, 왕과 백성), 일대일로 만나면 부부관계(애인지간)가 된다. 정명석과 모든 여자 회원들은 일대일로 만나면 모두 신랑신부 혹은 애인지간이라고 하니 성적 타락은 이미 왕벌비유에 배태(胚胎)되어 있었다.

② JMS는 왕벌조직이고, 일반교회는 개미와 같은 조직이란 것을 암시한다.

JMS단체를 왕벌조직이라고 주장하면 일반교회는 개미조직이라고 암시하게 된다.[129] 즉 JMS는 왕벌 같은 조직이라 하나님이 보살피지만 일반교회는 무익하여 점점 없어질 것이라 주장하는 것이다. 잘못된 적용이다. 이단들은 역사가운데 명멸을 거듭했지만, 예수님을 믿는 교회는 반석과 같아서 음부의 권세가 이기지 못한다(마16:18)고 하였다.

③ 정명석의 말은 꿀과 같다고 말하는 것은?

정명석이 왕벌이라면 그의 말씀은 꿀이 된다. 그의 말이 꿀이라면, 동시에 일반교회 목사들의 설교는 개미가 먹는 썩은 애벌레와 같은 것이 되고 만다.[130]

그러므로 자극적인 정명석의 말에만 길들여진 회원들은 점점 일반교회 목사들의 설교를 들으면 맛이 없고 싱겁게 느껴지게 된다. 일반교회 목사들의 설교는 예수님께서 주의하라고 한 바리새인의 교훈과 같은 누룩이라고 세뇌된다(마16:11).

④ 정명석이 한 마리의 벌이라면 여자들은 꽃이 되는 것이다.

벌이 이 꽃 저 꽃을 날아다니듯이, 한 마리의 벌과 같이 정명석은 이 여자 저 여자들을 성적으로 유린하는 것이 성경적으로 해명이 되어 진다. 이와 같이 왕벌비유는 정명석의 성범죄를 미화하고, 여자들의 도덕성과 윤리적 경계심을 무너뜨린다.

---

129) 정명석, 『비유론』, 29-30.
130) 정명석, 『비유론』, 30.

⑤ 벌이 꽃 사이를 다니면서 수정을 시키듯이, 남녀들을 중매하여 결혼시킨다.

통일교뿐만 아니라 JMS에서도 합동결혼식이 있다. 벌이 꽃들을 수정시키듯이, 자기가 사람들을 중매해서 결혼시키기 때문이라는 것이다. 그리고 그것을 재림 때에 있을 '하늘의 공중의 혼인잔치'라고 푼다. 공중의 혼인잔치는 예수님과 교회가 예수님의 재림 때에 이루어지는 것이거늘, 이단단체의 회원끼리 합동결혼식을 혼인잔치라고 하는가? 물론 그것도 혼인잔치라고 할 수는 있겠지만, 예수님과 교회가 만나는 혼인잔치는 결코 아니다. 게다가 충분히 만나보지도 못하고 충분히 알지도 못한 상태에서 급조된 합동결혼은 장차 많은 문제가 발생하게 된다.

⑥ 결혼 적령기의 남녀들의 자유 결혼이나 자유연애가 금지된다.

벌이 다니며 수정시킨 꽃들만 열매 맺듯이, 정명석이 중매하고 허락한 사람만 결혼하여 자녀를 낳을 수 있다. 아무리 마음에 드는 배우자감이 있어도 데이트나 구혼 자체를 할 수 없다. 정명석이 허락한 기간 내에, 허락한 사람들만, 그 안에서만 결혼할 수 있다. 그곳의 사람들은 성인일지라도 자기 맘대로 결혼은커녕 심지어 데이트도 하지 못한다.

⑦ 왕벌의 애인이 된 여자들은 결혼이 금지된다.

수백, 수천 명의 여자들이 월성이나 상록수, 신앙스타라는 이름으로 결혼하지 않는다. 그녀들은 '주님의 신부'라는 허울 하에 결혼하지 않는다. 그녀들은 왕벌에게 수벌처럼, 왕궁의 궁녀들과 같기 때문이다.

⑧ 노동력 착취와 인권유린이 발생한다.

남자들은 일벌처럼 월명동(정명석의 생가) 개발 작업에 동원된다.[131] 정명석은 '벌은 노는 벌이 하나도 없다. 벌은 노조도 없다. 벌은 불평불만도 하지 않는다. 벌은 누가 시키지 않아도 열심히 일한다'라고 설교한다. 그렇게 교육받은 그들은 늘 노동력을 착취당하면서도 감격감사하다고 주문처럼 외친다. 정명석이 왕벌이라면 회원들은 일벌과 수벌이다. 회원들은 일벌처럼 일한다. 그래서 인건비나 정당한 권리는 요구할 수 없다. 게다가 여자회원들은 왕벌과 수벌처럼, 애인 관계가 설정됨으로 성적으로 인권유린이 초래된다.

⑨ 이탈을 못하게 한다.

불만을 품은 벌 한마리가 벌의 조직을 벗어나면 죽듯이, 어느 한 회원이 왕벌조직인 JMS를 떠나면 죽는다는 협박이 가능하다. 벌 혼자는 꿀을 만들지 못하고, 외로워서 살 수가 없듯이, JMS를 떠나면 꿀 같은 말씀을 들을 수 없고, 결국 혼자서 쓸쓸하게 죽을 수밖에 없다고 한다.

정명석은, 벌 조직을 이탈한 벌을 빙자하여, 그 벌은 '살자니 고생, 죽자니 청춘'이라고 탄식하게 되고, 결국 다시 들어와야 살지 그렇지

---

131) JMS교는 정명석의 충남 금산군 진산면에 위치한 생가를 성지 땅이라 부르고, 2017년 현재까지 20년 이상 개발사역에 심혈을 기울이고 있다. 돈과 노동력은 회원들의 고혈과 희생으로 충당하고 있다.

않으면 죽는다고 주장한다. 그 말은 그와 같이 '너도 떠나면 죽는다'고 협박하는 것이다. 그러므로 심약한 회원들은 영육 간에 사로잡혀서 꼼짝할 수가 없다.

그러나 정명석은 왕벌이 아니다. 그럼으로 오히려 나와야 산다. "내 백성아, 거기서 나와 그의 죄에 참여하지 말고 그가 받을 재앙들을 받지 말라"(계18:4)고 외치는 하늘에서 나는 음성을 듣고 나와야 산다. 왕벌을 비유로 푼 것 자체가 틀린 것이다.

⑩ 정명석이 왕(王)이라면 형제들은 왕가(王家)이다.

정명석이 왕이라면 형제들은 왕의 형제들이다. 정명석의 형제들은 정명석 주변에서 재정과 인사권을 갖고 권력을 행사한다. 초창기 멤버들도 형제들의 눈치를 살펴야 한다. 그리고 재정에 대해서는 한 번도 제대로 된 재정보고를 한 적이 없다. 감사(監査)가 없는 곳은 반드시 부패하기 마련이다.

⑪ 외부와의 단절 속에 산다.

벌들은 벌들끼리만 살아야 한다고 가르치므로 자연스럽게 외부와는 단절하며 살게 된다. 오직 정명석의 가르침만 들으며 산다. 자기들끼리만 어울리게 된다. 내향적인 습관들은 어느새 자녀들에게 유전되어 자녀들도 학교에서 잘 적응하지 못하는 성향을 띠게 된다. 인터넷, TV, 책도 금기사항들이다. 그러나 흐르지 않는 고인 물은 반드시 썩기 마련이다.

⑫ 최악의 1인 독재세계가 된다.

여왕벌 및 수벌, 그리고 일벌은 처음에는 전혀 구별할 수 없는 똑같은 유충이었지만 어떤 벌은 여왕이 되어 호강하고 장수하는 반면, 일벌은 죽도록 일만 하다가 단명으로 죽고, 수벌은 빈둥빈둥 놀고먹다가 수백 마리 중에서 몇 마리만이 여왕벌과 단 한 번 교미를 하고 죽어 버린다. 나머지는 여왕벌이 산란을 시작하면 일벌들에 의해 밖으로 쫓겨나 굶어 죽는다.[132] 만약 이런 조직을 인간세계에게 반영한다면 인류 역사상 가장 비참한 독재세계가 될 것이다.

JMS는 왕벌조직을 추구한다. 정명석은 자기를 메시아라고 하며 왕벌처럼 섬김 받고 싶었겠지만, 예수님의 삶과 너무 다르다. 예수님은 "인자가 온 것은 섬김을 받으려 함이 아니라 도리어 섬기려 하고 자기 목숨을 많은 사람의 대속물로 주려 함이니라"(마20:28)고 하셨다. 예수님은 진실로 왕이시지만, 왕으로서 보다는 오히려 종처럼 섬김의 도를 실천하셨던 것이다.

132) 알렉스 초이, 『기독교의 오해와 진실』(서울 : 월간국제골프사, 2006), 208.

## 2. 독수리 비유

하나님께서는 이사야 선지자를 통해 동방에서 독수리를 불러 하나님의 모략을 이룰 것이라고 말씀하셨다.[133] 동방은 어디이고, 독수리는 누구인가? 한국산(産) 이단들은 전부 동방을 한국으로 풀고, 독수리를 자기라고 주장한다. 정명석도 그 중의 한명이다.

> 내가 동방에서 독수리를 부르며 먼 나라에서 나의 모략을 이룰 사람을 부를 것이라 내가 말했은즉 정녕 이룰 것이요 경영하였은즉 정녕 행하리라( 사46:11, 개역한글).

### 1) JMS(정명석)의 주장

(1) 독수리는 메시아이다.
이사야 46장 11절에, 하나님께서 독수리를 부른다고 하셨는데, 문자대로 조류의 일종인 맹금류 독수리를 보내실 리가 없다. 독수리는 하나님의 큰 뜻을 이루기 위하여 보냄 받은 메시야이다.[134]

(2) 동방은 한국이다.
동방은 한국이다. 어찌 한국이 동방인가? 동방은 아시아 즉 중국, 일본, 한국 등을 들 수 있으나 중국은 복음과는 먼 나라이고 일본은

---

133) 개역개정에서는 개혁한글과 달리 동방을 동쪽으로, 독수리를 사나운 날짐승으로 번역했다.
134) 정명석, 『비유론』, 56-60.

아직도 미신적 토착신앙을 벗어나지 못하고 있으며, 그러나 한국은 1천만 성도가 예수님이 다시 오실 것을 기다리며 사는 나라이다. 그러므로 동방은 한국을 말한 것임이 틀림없다.[135]

### (3) 왜 하필이면 독수리인가?

독수리는 공중을 나는 새들 중의 왕이다. 그리고 기다리는 모든 사람들은 새이다. 공중의 독수리로 비유한 것은 지구가 공중(空中)에 존재하기 때문이며 지구의 왕이라는 뜻이다.[136] 한마디로 독수리가 메시야의 특성을 잘 반영하고 있기 때문이다.

### (4) 독수리의 특성[137]

① 독수리는 새끼 때부터 강한 훈련을 받는다(메시아는 어려서부터 하나님께 강한 훈련을 받고 자란다-필자 주).

② 독수리는 그 부리가 생명이며 그 강함은 공중을 날아가는 창끝과 같다(메시아는 말씀의 능력이 강하다-필자 주).

③ 천리라도 볼 수 있는 불꽃같은 두 눈을 가지고 있다(메시아는 사람의 마음을 꿰뚫어보는 영안이 있다-필자 주).

④ 후각이 발달해서 12km 이상 떨어진 죽은 동물의 냄새를 맡을 수 있다(메시아는 영감이 발달했다-필자 주).

⑤ 양 날개는 제트기의 두 날개처럼 강하여 사자의 뺨이라도 치면 고개가 부러질 정도이다(메시아는 영적인 능력이 강하다-필자 주).

---

135) 정명석, 『비유론』, 56.
136) 정명석, 『비유론』, 56-60.
137) 정명석, 『비유론』, 56-60.

⑥ 양 발톱은 호랑이 발톱보다 더 길고 날카로워 한 번 찍어서 찍어지지 않는 것이 없다(메시아는 말씀의 능력이 강하여 한번 전하면 다 전도 된다-필자 주).

⑦ 태풍이 불고 비바람이 강하게 불면 각종 새들은 물론이려니와 국제공항의 비행기도 못 뜨고 발이 묶이지만 독수리만큼은 지장 없이 벗어나 구름 위의 창공에서 햇빛을 쨍쨍하게 받으며 독수리 된 보람을 느끼며 날아다닌다(메시아는 세상의 복잡함에 얽매이지 않고, 영계로 들어가 평안과 안식을 누린다-필자 주)

⑧ 독수리는 시속 110km인 치타보다 더 빠른 시속 330km로 공중을 날아다니는 비호이자 새들의 왕이다(메시아는 영적으로 빨리 움직인다-필자 주)

⑨ 절대 필요 없는 사냥은 하지 않고 생명을 귀하게 보는 날짐승이다. 약한 동물이 강한 동물에게 쫓기면 합당치 않게 무력을 행사하는 강한 동물을 쫓아가 혼내주기까지 한다고 하니 인간이 교훈 받을 만하다(메시아는 인간적인 매력도 있다-필자 주)

정명석은 이 같은 독수리가 한 가지 걱정되고 염려되는 것이 있다면 동물원에 잡혀가 창살 속에 갇혀 있는 동료들이 아닐까'[138] 라고 말했다.

정명석은 이 같은 이유로 하나님이 보내시는 메시아를 공중의 독수리에 비유한 것은 참으로 타당하다고 주장했다.[139] 이밖에도 출19장 4절에서 "내가 애굽 사람에게 어떻게 행하였음과 내가 어떻게 독수

---

138) 정명석, 『비유론』, 60.
139) 정명석, 『비유론』, 60.

리 날개로 너희를 업어 내게로 인도하였음을 너희가 보았느니라"고
하였는데 이는 모세를 두고 한 말이며, 계시록8장 13절에 "공중에 날
아가는 독수리가 큰 소리로 땅에 사는 자들에게 화, 화, 화가 있으리
니"라고 했으니 하늘의 비밀의 천사장, 혹은 지상에 출현하는 메시아
를 두고 말했음을 알 수 있다고 주장했다.[140]

## 2) 반증

이사야 46장 11절에서 독수리가 비유인 것은 자명하다. 왜냐하면
본문에서 '동방에서 독수리를 불러'라고 하셨고, 이어서 '먼 나라에서
나의 모략을 이룰 사람을 불러'라고 동의어 반복을 해 놓으셨기 때문
이다. 이는 동방은 먼 나라, 독수리는 사람이라는 것을 알 수 있다. 그
렇다면 동방은 한국인가? 그리고 독수리는 과연 정명석인가? 성경은
독자가 읽고 싶은 대로 읽는 책이 아니고, 성경저자가 기록한 의도한
대로 읽어야 한다.

### (1) 독수리가 아니라 매(솔개)이다.

개역한글 성경에는 "독수리"라고 되어 있으나, 개역개정에는 '사나
운 날짐승'으로 번역되어 있다.[141] 영어 성경(NIV)에도 'a eagle'(독수
리)이 아니라 'a bird of prey'(육식용 새)이다.[142] 원래 히브리어 성경

---

140) 정명석, 『비유론』, 60.
141) 사46:11 내가 동쪽에서 사나운 날짐승을 부르며 먼 나라에서 나의 뜻을 이룰 사람을
부를 것이라.(개역개정).
142) Isaiah 46:11 From the east I summon a bird of prey; from a far off land, a man to
fufill my purpose...(NIV); cf. 한글 킹제임스 성경에는 "굶주린 새"로 번역했다.

에는 '아이트(עיט)'라는 단어로서 주로 매나 솔개를 가리키는 단어이다. 예를 들면, 창15:11에서 "솔개(아이트)가 그 사체 위에 내릴 때에 아브라함이 쫓았더라."고 하였다. 정명석이 읽은 개역한글 성경에서 "아이트"가 창세기에서는 솔개로, 이사야에서는 독수리로 다르게 번역된 것이다. 히브리어에서 독수리는 '네셰르(ךשׁר)'(레11:13)이다.[143]

정명석은 매나 솔개정도로 번역될 것을 가지고 괜히 독수리인 줄 알고 맘껏 자기주장을 펼쳤던 것이다. 정명석이 독수리를 그렇게 극(極) 찬양했던 것은, 자기를 독수리 같은 메시아라고 과대포장하고 싶었던 욕망과 맞아 떨어졌기 때문이다.

그러나 매(솔개)와 독수리는 분명히 다르다. 고양이와 호랑이가 다른 것처럼 다르다. 만약 정명석이 다른 번역본 성경을 통해서 처음부터 '사나운 날짐승'(개역개정)이나 '굶주린 새'(KJV 흠정역)로 읽었더라면 정명석의 독수리 비유는 나오지 못했을 것이다. 다른 이단의 교주들도 마찬가지이다.

## (2) 동방은 한국이 아니다.

한국산(産) 자칭 재림주들은 전부 동방을 한국으로 풀고, 독수리를 자기라고 주장한다. 또한 중국산 이단은 중국을 동방이라고 하고, 필리핀산 이단은 필리핀을 동방이라고 푼다. 성경을 그렇게 '자민족 중심의 해석(ethno-centric interpretation)'으로 풀면 안 된다.[144] 해석자는 자기를 신격화하거나 우상화하기 위하여 성경구절을 갖다 붙여

---

143) 레11:13 새 중에 너희가 가증히 여길 것은 이것이라 이것들이 가증한즉 먹지 말지니 곧 독수리와 솔개와 물수리와
144) 심상법, 『성경해석학 서론』 (경기: 예움, 2016 ), 117.

서도 안 된다. 오히려 해석자는 성경본문이 실제로 무엇을 말하는지를 이해해야 하고, 동시에 성경본문을 자기 입맛대로 해석하려는 주관주의(主觀主義)에 빠지지 말아야 한다.[145]

① 한국을 동방이라고 주장할 만한 성경적 근거가 없다.

성경은 구약부터 신약에 이르기까지 일관성(一貫性)이 있다.[146] 성경에서 동방은 항상 '그 지역'일뿐 여기저기로 왔다 갔다 하지 않는다. 동방은 '팔레스타인 등 동남쪽에 펼쳐 있는 아라비아의 일부 지역에 해당된다.'[147] 성경에 동방이 나오는 성구들을 살펴보면 한국이 아님이 분명해진다.

㉮ 동방은 시날 땅 바벨론 지역이다.

창세기 11장 2절에 "이에 그들이 동방으로 옮기다가 시날 평지를 만나 거기 거류하며"라고 하였다. 이 말은 노아 홍수심판 후 사람들이 동방으로 옮기다가 시날 평지를 만나 거기서 거류하였다는 말이다. 여기서 동방의 시날(Shinar) 평지는 바벨론을 말한다.[148] 그럼으로 동방은 이스라엘의 동쪽 바벨론을 의미한다.

㉯ 동방은 가나안 땅 동쪽을 의미한다.

아브라함이 서자들을 동방으로 보내 정착하게 하였다고 했는데, 그

145) R. C. Sproul, 『기독교의 핵심진리 102가지』, 58.
146) Daniel P. Fuller, 『성경의 일관성』, 박경범 역 (서울: 은성, 1994), 21-29.
147) 『기독교대백과 4권』 (서울: 기독교문사, 1993), 594.
148) 『성경·찬송낱말사전』 (도서출판 첨탑, 2006), 476.

들이 한국 땅까지 와서 거주했을 리가 없다. 여기서의 동방은 어디인가? 역시 아브라함이 살던 가나안 땅의 동쪽 곧 아라비아 지역을 말했던 것이다. "아브라함이 이삭에게 자기의 모든 소유를 주었고 자기 서자들에게도 재산을 주어 자기 생전에 그들로 하여금 자기 아들 이삭을 떠나 동방 곧 동쪽 땅으로 가게 하였더라"(창25:5~6).

  ㉘ 동방은 가나안의 동쪽 밧단 아람(Paddan Aram) 땅이었다.

  창세기 29장 1절에 "야곱이 길을 떠나 동방 사람의 땅에 이르러"라고 하였다. 그렇다면 야곱이 이른 동방은 과연 어디인가? 만약 그 동방이 한국이라면 야곱이 한국 땅에 와서 살았어야 한다. 그러나 그가 도착한 땅은 가나안의 동북쪽 밧단 아람 땅이었다(창28:2). 밧단 아람은 메소포타미아의 북편, 유프라테스 강변의 고원이다.[149]

  ㉙ 동방은 요단강 동쪽지방을 말한다.

  요단강은 북쪽 갈릴리바다로부터 남쪽 사해까지 거의 직선으로 흐른다. 그래서 요단강은 이스라엘의 동쪽과 서쪽을 구분하는 경계선이다. 그래서 이스라엘의 서쪽인 가나안 땅에서 요단강 건너편을 동방이라고 하였다. 성경에서 동방은 항상 요단강 동쪽이었다.

  *동방 경계는 요단이니(수18:20 개역한글)*
  *동방은 하우란과 다메섹과 및 길르앗과 이스라엘 땅 사이에 있는*
  *요단강이니(겔47:18 개역한글)*

---

149) 『성경·찬송 낱말 사전』 (서울: 도서출판 첨답, 2006), 305.

㉮ 이스라엘의 동쪽 지방이었다.

사사기 6장 3절에 "이스라엘이 파종한 때면 미디안과, 아말렉과, 동방 사람들이 치러 올라와서"라고 하였다. 동방이 한국이라면, 한국의 조상들이 사사시대의 이스라엘 사람들이 파종할 때면 치러 올라갔었어야 한다. 한국사에 그런 역사는 없었다. 미디안 사람, 아말렉 사람 등 요단의 동쪽에 사는 족속들이었다. 이와 같이 성경의 동방과 한국은 상관이 없다.

㉯ 동방은 욥이 살던 우스(Uz) 땅이다.

욥기서 1장 3절에 욥을 가리켜 "이 사람은 동방 사람 중에 가장 훌륭한 자라"고 하였다. 동방이 한국이라면 욥(Job)이 한국 사람인가? 아니다. 욥은 우스(Uz) 사람이라고 하였다(욥1:1). 우스는 어느 땅인가? 우스는 북쪽으로 에돔, 동쪽으로 유브라데 강까지 뻗친, 바벨론과 애굽 간의 대상들이 지나다니는, 팔레스타인과 아라비아 사이의 국경지대라고 생각된다.[150] 분명한 것은 우스 땅이, 요단강 동쪽 땅을 말하는 것이지, 한국 땅은 아니다.

㉰ 동방은 바벨론 지역이다.

동방 박사 세 사람이 예물을 가지고 아기예수께 경배하러 왔다. 과연 동방박사들이 한국 사람들인가? 그들은 한국 사람들이 아니다. 그들은 바벨론이나 아브라함의 땅이나 유대인들이 포로로 있던 땅에서

---

150) Henrey H. Halley, 『최신 성서핸드북』 박양조 역 (서울: 기독교문사, 2000), 287.

온 사람들이 틀림없다.[151]

> 헤롯 왕 때에 예수께서 유대 베들레헴에서 나시매 동방으로부터 박사들이 예루살렘에 이르러 말하되 유대인의 왕으로 나신 이가 어디계시냐 우리가 동방에서 그의 별을 보고 그에게 경배하러 왔노라 하니(마2:1-2)

㉮ 동방은 메소포타미아 지방이다.

요한계시록 16장 12절에 "또 여섯째 천사가 그 대접을 큰 강 유브라데(the Euphrates)에 쏟으매 강물이 말라서 동방에서 오는 왕들의 길이 예비되었더라"고 하였다. 유프라테스 강물이 마르매 동방에서 왕들이 오더라고 하였다. 한국의 왕들이 간다는 말인가? 아니다. 왜냐하면 유프라테스 강은 한국에 있는 강이 아니라 메소포타미아 지방에 있다. 그러므로 신약시대에도 동방은 메소포타미아 그 지역이다.

### (3) 동방의 독수리는 누구인가?

정명석은 동방을 한국으로 풀고, 독수리를 자기라고 풀었다. 그래서 JMS의 상징은 독수리이다. 다른 한국산 자칭 재림예수들도 모두 동방을 한국으로 풀고 자기들을 바로 그 독수리의 주인공이라고 주장 한다. 그것을 '동방의 의인(義人)' 교리라고 한다.[152] 그렇다면 실제 동방의 독수리(의인)는 누구를 말하는 것인가? 동방의 의인이 나

---

151)  Henrey H. Halley, 『최신 성서핸드북』, 487.
152)  박태선, 문선명, 안상홍, 이만희 등도... 전부 자기들을 동방의 의인이라고 한다.

오는 다른 성구들과 연결하여 살펴보자.

> 누가 동방에서 사람을 일깨워서 공의로 그를 불러 자기 발 앞에 이
> 르게 하였느냐 열국을 그의 앞에 넘겨주며 그가 왕들을 다스리게 하
> 되 그들이 그의 칼에 티끌 같게, 그의 활에 불리는 초개같게 하매(사
> 41:2)
> 내가 한 사람을 일으켜 북방에서 오게 하며 내 이름을 부르는 자를
> 해 돋는 곳에서 오게 하였나니 그가 이르러 고관들을 석회같이 토기
> 장이가 진흙을 밟음 같이 하리니(사41:25)
> 두려워하지 말라 내가 너와 함께하여 네 자손을 동쪽에서부터 오
> 게 하며 서쪽에서부터 너를 모을 것이며(사43:5)
> 내가 동방에서 독수리를 부르며 먼 나라에서 나의 모략을 이룰 사
> 람을 부를 것이라 내가 말하였은즉 정녕 이룰 것이요 경영하였은즉
> 정녕 행하리라(사46:11 개역한글)

위의 성구들에서 말하는 동방의 의인은 한 사람을 가리키고 있다.
과연 그는 누구인가? 정명석인가? 이만희인가? 안상홍인가? 박태선
인가? 문선명인가? 박명호인가? 아니면 거명되지 않은 또 다른 교주
인가? 전부 아니다. 본문의 주인공은 페르시아의 고레스 왕을 가리킨
것이다. 그러므로 한국의 어느 교주를 말하고 있는 것이 아니다.[153]
성경은 자기 자신의 해석자이다.[154] 이 말은 성경은 성경으로 해석한

---

153) 진용식, 『안상홍 증인회의 실체는』 (서울: 백승, 2010), 47-54.
154) R. C. Sproul, 『기독교의 핵심진리 102가지』, 54.

다는 뜻이다. 성경에 동방의 의인이 누구인가 그 이름이 나와 있다.

> 고레스에 대하여는 이르기를 내 목자라 그가 나의 모든 기쁨을 성
> 취하리라 하며 예루살렘에 대하여는 이르기를 중건되리라 하며 성
> 전에 대하여는 네 기초가 놓여지리라 하는 자니라(사44:28)
> 여호와께서 그의 기름 부음을 받은 고레스에게 이같이 말씀하시
> 되 내가 그의 오른손을 붙들고 그 앞에 열국을 항복하게 하며 내가
> 왕들의 허리를 풀어 그 앞에 문들을 열고 성문들이 닫히지 못하게
> 하리라(사45:1)

그렇다면 고레스는 누구인가? 페르시아(바사)왕 고레스(Cyrus)는
B.C. 538~529년에 통치했다. 그는 유대인들이 예루살렘에 돌아가
도록 허락했고, 성전을 재건하라는 법령을 반포했다(대하36:22~23;
스1:1~4). 이사야는 B.C. 745~695년에 예언하여 고레스 시대보다
150년 전에 활동했던 선지자이다. 그러나 이사야는 150년 후에 나타
날 고레스의 이름을 부르며, 이사야 시대에는 아직 무너지지 않았던
성전 재건을 예언했다.[155] 고레스 왕은 이스라엘의 동방지역인 페르
시아의 왕으로서 이사야 선지자의 예언을 성취했다. 그러므로 동방
의 독수리는 페르시아의 고레스 왕이다.

### (4) 출19:4절과 계8:13절의 독수리?
정명석은 출애굽기 19장 4절의 독수리를 모세라고 하였다. 그리고

155)  Henry H. Halley, 『최신 성서핸드북』, 353.

요한계시록 8장 13절에서 화, 화, 화, 외치면서 날아가는 독수리가 땅에서 나타나는 메시아(정명석-필자 주)라 하였다. 참으로 아전인수격 해석이다. 정명석의 이러한 해석은 '독수리는 메시아다'라고 주장하는 그의 비유론 때문에 성경에 독수리가 나오기만 하면 우선 메시아로 읽으려는 조급증과 강박관념에서 비롯되었다.

레위기 11장 13절의 "새 중에 너희가 가증히 여길 것은 이것이라 이것들이 가증한즉 먹지 말지니 곧 독수리와 솔개와 물수리와"라고 하였는데, 이것은 뭐라고 말할 것인가? 구약성경에서 독수리는 부정한 동물이다. 여기서의 독수리는 실제 독수리이다. 그러므로 독수리를 다 사람으로 풀어서는 안 된다. 문맥에 따라서 읽어야 한다.

출애굽기 19장 4절에서 독수리 날개로 업어서 애굽에서 내게로 이끌었다는 것은 무엇인가? 그것은 '하나님의 능력과 사랑으로' 친히 인도하셨다는 것이지 모세를 두고 한 것이 아니었다.[156] 출애굽기 6장 1절에 "여호와께서 모세에게 이르시되 이제 내가 바로에게 하는 일을 네가 보리라 강한 손으로 말미암아 바로가 그들을 보내리라 강한 손으로 말미암아 바로가 그들을 그의 땅에서 쫓아내리라"고 하였다. 또 출애굽기 32장 11절에서 "모세가 그의 하나님 여호와께 구하여 이르되 여호와여 어찌하여 그 큰 권능과 강한 손으로 애굽 땅에서 인도하여 내신 주의 백성에게 진노하시나이까"라고 하였다.

그리고 독수리는 성경에서 재앙에 대한 상징으로 자주 사용되고 있으며(렘48:40, 겔 17:3, 호8:1, 마24:28), 또한 하나님의 명령을 전달하거나 수행하는 사자(使者) 역할로 나타나기도 한다. 요한계시록 8

---

156) 『그랜드종합주석』 (서울: 성서교재주식회사, 1996). 259.

장 13절의 "공중에 날아가는 독수리" 역시 하나님께서 이후에 행하실 참혹한 심판에 대해 전달하고 있다.[157] 여기서 독수리는 하나님의 심판을 상징한다.[158] 독수리는, 주검이 있는 곳에 독수리들이 모이듯이, 죄악 된 세상에 하나님의 심판이 임하게 될 것을 말한 것이지,[159] 메시아를 비유한 것이 아니다.

정명석은, 특히 독수리의 유일한 걱정이 있다면 동물원의 쇠창살에 갇혀 있는 동료 독수리라고 하였는데, 오히려 자기가 10년 형 정죄 받고 쇠창살에 갇힌 바 있다. 그러나 성경에는 동방의 독수리가 옥(獄)에 갇힌다는 예언이 없다.

결론적으로, 이사야 46장 11절의 동방의 독수리는 페르시아의 고레스 왕이었다. 그러므로 정명석이나 한국의 자칭 재림예수들과는 아무런 상관이 없다.

---

157)  『호크마주석』 (서울: 기독지혜사, 1989), 328;

158)  박윤성, 『요한계시록, 어떻게 가르칠까』 (서울: 기독신문사, 2002), 363.

159)  대한예수교장로회 이단·사이비피해대책조사연구위원회, 『개혁신학 요한계시록 해석』 (서울: 총회교육진흥국, 2016), 164.

# V. 재림에 관한
## JMS(정명석)비유론

### 1. 불

    ○ JMS(정명석)의 주장

        (1) 동시성으로 역사하시는 하나님

        (2) 구약의 불 심판 예언과 성취

        (3) 벧후3:7의 불 심판에 대한 답변

        (4) 재림 때의 불도 말씀

        (5) 말씀을 불이라고 비유한 이유

        (6) 그 외의 다양한 비유들

        (7) 실제 세상의 재앙 심판

        (8) 말세는 전환이자 새로운 시작

### 2. 구름

    ○ JMS(정명석)의 주장

        (1) 구름은 사람이다.

        (2) 다니엘이 이상 중에 본 구름은 유대종교인이다.

        (3) 구름은 정화된 사람들이다.

        (4) 다스릴 자는 그 사람들 중에서 나온다.

        (5) '본 그대로 오리라'는 것은?

# V. 재림에 관한 JMS(정명석)의 비유론

성경에서는 예수께서 재림하실 때 불 심판이 있을 것이고, 예수님께서는 구름타고 재림하신다고 하였다. 그러나 JMS(정명석)은 불은 말씀이라 하고, 구름은 사람이라고 주장한다. 이 장에서는 불과 구름에 대한 JMS(정명석)의 주장을 소개하고 각각 반증한다.

먼저 불 심판에 대한 정명석의 주장을 들어보자.

> 그러나 주의 날이 도둑같이 오리니 그 날에는 하늘이 큰 소리로 떠나가고 물질이 뜨거운 불에 풀어지고 땅과 그 중에 있는 모든 일이 드러나리로다... 그 날에 하늘이 불에 타서 풀어지고 물질이 뜨거운 불에 녹아지려니와 우리는 그의 약속대로 의가 있는 곳인 새 하늘과 새 땅을 바라보도다.(벧후3:10~13)
>
> 주 예수께서 자기의 능력의 천사들과 함께 하늘로부터 불꽃 가운데에 나타나실 때에 하나님을 모르는 자들과 우리 주 예수의 복음에 복종하지 않는 자들에게 형벌을 내리시리니 이런 자들은 주의 얼굴과 그의 힘의 영광을 떠나 영원한 멸망의 형벌을 받으리로다.(살후1:7~9)

# 1. 불

## 1) JMS(정명석)의 주장

### (1) 동시성으로 역사하시는 하나님

정명석은 '하나님은 동시성으로 역사한다.'고 주장한다.[160] 전도서를 보면 현재에 있는 것도, 미래에 있을 것도 다 옛적에 이미 있었다고 나와 있다. 하나님 역사의 동시성 법칙을 따라 구약의 불 심판 예언이 신약의 예수님 때 어떻게 성취되었나를 통해 신약의 불 심판 예언이 성약 때 어떻게 성취될 것인가를 안다는 것이다.[161]

이미 있던 것이 후에 다시 있겠고 이미 한 일을 후에 다시 할지라. 해 아래는 새것이 없나니(전1:9)

이제 있는 것이 옛적에 있었고 장래에 있을 것도 옛적에 있었나니 하나님은 이미 지난 것을 다시 찾으시느니라(전3:15)

### (2) 구약의 불 심판 예언과 성취[162]

### ① 불 심판 예언

---

160) '동시성'이란 통일교와 JMS에서 주로 쓰는 단어로서, 전1:9과 전3:15절을 바탕으로 과거의 일이 현재에 있고, 현재의 일이 미래에도 동일하게 반복하여 일어난다고 주장하는 이론이다. 예를 들면 예수님 때도 불 심판이 말씀심판이었듯이, 재림 때도 불 심판 예언이 말씀심판이다. 예수님이 유대교의 무지로 십자가 지셨듯이, 재림 때에도 기독교인들의 무지로 십자가를 지게 된다는 것이다.

161) 기독교복음선교회, 『실제 보는 강의안』, 24.

162) 기독교복음선교회, 『실제 보는 강의안』, 24.

구약성경에 불 심판에 대한 예언이 많이 있다. 다음과 같은 성경구절들이다.

> 만군의 여호와의 진노로 말미암아 이 땅에 불타리니 백성은 불에 섶과 같을 것이라(사9:19)
> 보라 여호와께서 불에 둘러 싸여 강림하시리니 그의 수레들은 회오리바람 같으리로다 그가 혁혁한 위세로 노여움을 나타내시며 맹렬한 화염으로 책망하실 것이라 여호와께서 불과 칼로 모든 혈육에게 심판을 베푸신즉 여호와께 죽임 당할 자가 많으리니(사66:15-16)
> 만군의 여호와가 이르노라 보라 용광로 같은 날이 이르리니 교만한 자와 악을 행하는 자는 다 지푸라기 같을 것이라. 그 이르는 날에 그들을 살라 그 뿌리와 가지를 남기지 아니할 것이로되(말4:1)

② 불 심판 예언 성취

그렇다면 위와 같은 불 심판에 대한 예언들이 예수님 때 어떻게 성취되었는가? 예수님은 실제적인 불을 던진 것이 아니라 말씀의 불을 던지셨다.

> 내가 불을 땅에 던지러 왔노니 이 불이 이미 붙었으면 내가 무엇을 원하리요(눅12:49)
> 나를 저버리고 내 말을 받지 아니하는 자를 심판할 이가 있으니 곧 내가 한 그 말이 마지막 날에 그를 심판하리라(요12:48)

이와 같이 예수님이 던진 불은 실제 불이 아니라 말씀의 불로서 악과 더러운 것을 태워버리게 했다. 그래서 따르는 자들은 말씀으로 구원을 받았고, 따르지 않는 자들은 말씀으로 심판을 받게 된 것이다.

### (3) 벧후3:7의 불 심판에 대한 답변

베드로후서 3장 7절에서 "이제 하늘과 땅은 그 동일한 말씀으로 불사르기 위하여 보호하신바 되어 경건하지 아니한 사람들의 심판과 멸망의 날까지 보존하여 두신 것이라"고 하였다. 예수님께 직접 말씀을 들은 베드로는 바로 알고 '동일한 말씀으로 불사른다'고 하였다. 그러니까 예수님은 진리의 불, 사랑의 불, 성령의 불을 던진 것이다. 그러나 유대인들은 문자대로 실제의 불로 믿었기에 예수님이 진리와 사랑과 성령의 불을 던졌어도 알아보지 못한 것이다.[163]

### (4) 재림 때의 불 심판도 말씀 심판

주님은 '진리의 말씀'을 가지고 와서 세상 사람들의 심령의 더러운 죄악을 불사르고, 하늘과 땅의 모든 불가사의한 문제들을 말씀으로 풀어주고, 비 진리와 악을 없애고 새로운 세상과 새사람을 만든다는 말이다. 고로 주님의 말씀을 받아들이는 자는 말씀으로 구원을 이루는 것이고, 말씀을 받아들이지 않는 자는 말씀으로 심판을 받는 것이다.[164]

결론적으로, 정명석의 불 심판은 말씀 심판이고, 이 시대(성약시대)는 자기의 말을 듣는 것이 구원이고, 불순종하면 예수님 때처럼 심판

---

163) 기독교복음선교회, 『실제 보는 강의안』, 26.
164) 기독교복음선교회, 『실제 보는 강의안』, 26.

받는다고 한다.

> 불로 심판한다는 것은 말씀으로 심판한다는 뜻이며, 이는 곧 말씀
> 으로 구원을 시킨다는 것을 말한다... 따라서 하나님께서 말세 때 말
> 씀으로 공의의 심판을 하시니 심판과 상관이 없는 삶을 살기 위해서
> 는 시대 말씀을 알고 그 말씀에 합당한 삶을 살아야 한다. 신약시대
> 예수님이 오셨을 때도 예수님의 말씀을 받아들이고 순종하고 산 사
> 람들은 구원을 받았고, 예수님의 말씀을 받아들이지 않고 불순종하
> 고 산 사람들은 심판을 받았다. 이 시대도 동일하다.[165]

### (5) 말씀을 불이라고 비유한 이유

왜 하나님은 말씀을 불로 비유하셨을까? 불은 소각과 창조를 하는데
쓰이듯이, 하나님의 말씀은 소각과 창조를 할 수 있기 때문이다.[166]

### (6) 그 외의 다양한 비유들

하나님께서는 말씀을 방망이, 검이나 나팔 등으로 다양하게 비유하
셨다.[167]

> 내 말이 불같지 아니하냐 바위를 쳐서 부스러뜨리는 방망이 같지
> 아니하냐(렘23:29)
> 혀는 곧 불이요 불의의 세계라 혀는 우리 지체 중에서 온 몸을 더

---

165)  기독교복음선교회, 『실제 보는 강의안』, 36.
166)  기독교복음선교회, 『실제 보는 강의안』, 28.
167)  기독교복음선교회, 『실제 보는 강의안』, 29.

럽히고 삶의 수레바퀴를 불사르나니 그 사르는 것이 지옥 불에서 나
느니라(약3:6)

구원의 투구와 성령의 검 곧 하나님의 말씀을 가지라(엡6:17)

그러므로 회개하라 그리하지 아니하면 내가 네게 속히 가서 내 입
의 검으로 그들과 싸우리라(계2:16)

내가 천국 열쇠를 네게 주리니 네가 땅에서 무엇이든지 매면 하늘
에서도 매일 것이요...(마16:19)

이미 도끼가 나무뿌리에 놓였으니 좋은 열매를 맺지 아니하는 나
무마다 찍혀 불에 던져지리라(마3:10)

그가 큰 나팔소리와 함께 천사들을 보내리니...(마24:31)


### (7) 실제 세상의 재앙 심판

하나님은 시대마다 '사명자'로 하여금 불같은 '시대 말씀'을 선포하
여 회개하고 돌이킬 수 있는 기회를 주신다. 그러나 돌아오지 않으면
결국 재앙의 불로 치신다. 예를 들면, 9.11테러, 인도네시아 쓰나미,
중국 쓰촨성 대지진, 신종플루, 호주 폭우 이상기후... 뉴질랜드 강진,
아이슬란드 화산폭발, 일본 강도 9 대지진, 중국 폭우... 등은 이 시대
에 일어난 하나님의 심판이다.[168]


### (8) 말세는 전환이자 새로운 시작

정명석에 의하면, 불은 말씀이기 때문에, 땅은 영원하다는 것이다(전
1:4). 다만 말세란 세상 끝이 아니라 전환이다. 구시대에서 신시대로 가는

---

168) 기독교복음선교회, 『실제 보는 강의안』, 30.

것이 말세이다.[169] 원(圓)의 모양으로 ..봄-〉 여름-〉 가을-〉 겨울-〉봄..
으로 돈다. 그리고 말세란 끝이 아니라, 차원을 높이는 전환이다.[170] 유대
종교에서 천주교로, 개신교로, 섭리사(JMS)로 역사의 차원을 높인다.[171]

## 2) 반 증

### (1) 실제 불로 쓰여 진 용례

성경의 불은 말씀을 불로 비유한 것도 있고, 성령을 불로 비유하기
도 하였다. 또한 질투(신29:20)나 정욕(고전7:9), 분노(렘4:4) 등을
불로 비유하기도 하였다. 그러나 대부분의 불은 문자대로 실제의 불
을 의미하였다. 문제는 종말에 있을 불 심판의 불은 어떤 불일까? 정
명석은 말씀을 비유한 것이라고 하였으나 과연 그러한가? 우선 '불'
이라는 단어가 실제 불을 의미하는 것부터 살펴보자.

### ① 시내 산의 불

*시내 산에 연기가 자욱하니 여호와께서 불 가운데서 거기 강림하*
*심이라. 그 연기가 옹기가마 연기같이 떠오르고 온 산이 크게 진동*
*하며(출19:18)*

---

169)  기독교복음선교회, 『실제 보는 강의안』, 40-41.
170)  기독교복음선교회, 『실제 보는 강의안』, 40-41.
171)  기독교복음선교회, 『실제 보는 강의안』, 41. JMS교에서는 스스로 "섭리사"라고 부른다.

하나님께서 시내 산에 실제 불로 임하셨다. 이것은 명백히 사실을 기록한 것으로 비유라고 볼 수 없다. 여호와께서 불 가운데 시내 산에 임하시므로, 연기가 옹기가마 연기같이 피어올랐다고 하였다. 오늘날 시내 산으로 추정되는 사우디아라비아의 북서부의 라오즈 산은 지금도 정상에서 아래로 60m에 이르기까지 불에 탄 흔적이 남아 있다고 한다.[172]

② 광야의 불기둥

광야에서 불기둥이 이스라엘 백성들을 인도하였다고 하였다. 불기둥이 비유라면 말씀 기둥이란 뜻이다. 말씀기둥이라면 눈에 보이지 않았을 것이다. 그러나 불기둥은 온 족속이 친히 그 모든 행하는 길에서 친히 보았다고 하였다. 그러므로 불기둥의 불은 실제 불이었다.

> 여호와께서 그들 앞에서 가시며 낮에는 구름 기둥으로 그들의 길을 인도하시고 밤에는 불기둥을 그들에게 비추사 낮이나 밤이나 진행하게 하시니 낮에는 구름기둥, 밤에는 불기둥이 백성 앞에서 떠나지 아니하니라(출13:21-22)
> 낮에는 여호와의 구름이 성막 위에 있고 밤에는 불이 그 구름 가운데 있음을 이스라엘의 온 족속이 그 모든 행진하는 길에서 그들의 눈으로 보았더라(출40:38)

---

172) 권혁상 "모세의 기적은 사실인가?" (사단법인 한국창조과학회, 2012창조과학 국제학술대회), 59-61; cf. 김승학, 『떨기나무』 (서울: 두란노, 2007), 45-81에서 김승학은 라오즈 산이 시내 산이라고 주장한다.

③ 엘리야 갈멜 제단 위에 떨어진 불

엘리야 갈멜 제단 위에 떨어진 불은 실제인가 비유인가. 비유가 아
님이 명백하다. 실제 불이 내려 번제물과 나무와 돌과 흙을 태우고 도
랑의 물도 태웠다고 하였다. 레위기에서 제사장은 번제단 위에 번제
물을 올려놓고 실제 불로 태우듯이(레1:9), 여기서도 번제물이 탔다
고 했으니 번제물이 실제 탄 것이다. 여기서 불은 비유가 아닌 실제
불이었음에 틀림이 없다.

　　이에 여호와의 불이 내려서 번제물과 나무와 돌과 흙을 태우고 또
　도랑의 물을 핥은지라(왕상18:38)

④ 기드온의 제단에 떨어진 불

불이 반석에서 나서 고기와 무교전병을 살랐다고 했다. 이것도 실
제 불이다.

　　여호와의 사자가 손에 잡은 지팡이 끝을 내밀어 고기와 무교전병
　에 대니 불이 바위에서 나와 고기와 무교병을 살랐고 여호와의 사자
　는 떠나서 보이지 아니한지라(삿6:21)

⑤ 솔로몬의 성전봉헌식에 떨어진 불

솔로몬이 성전봉헌을 하면서 기도할 때 하늘에서 불이 떨어졌다고
했다. 하늘에서 불이 떨어져 번제물과 제물들을 불살랐다고 했다. 제
물을 살랐다고 했으니, 그런 일은 실제 불이어야 가능하다.

솔로몬이 기도를 마치매 불이 하늘에서부터 내려와서 그 번제물과 제물들을 사르고 여호와의 영광이 그 성전에 가득하니(역하 7장:1)

⑥ 나답과 아비후를 태운 불

나답과 아비후가 다른 불로 분향하다가 불에 타 죽었다. 나답과 아비후는 그 뒤로 행적이 나오지 않는다. 불로 소멸되었기 때문이다. 나답과 아비후를 사른 불은 실제 불이었다.

아론의 아들 나답과 아비후가 각기 향로를 가져다가 여호와께서 명령하시지 아니하신 다른 불을 담아 여호와 앞에 분향하였더니 불이 여호와 앞에서 나와 그들을 삼키매 그들이 여호와 앞에서 죽은지라(레10:1-2)

⑦ 광야에서 사람들을 소멸시킨 불

광야에서 불로 250명이 소멸(燒滅)했다고 했으니 틀림없이 이 불도 실제 불이었다. 250명에 대한 하나님의 심판은 말씀으로 끝나지 않았다. 그들은 실제 불로 소멸된 것이다.

여호와께서 들으시기에 백성이 악한 말로 원망하매 여호와께서 들으시고 진노하사 여호와의 불을 그들 중에 붙여서 진영 끝을 사르게 하시매 백성이 모세에게 부르짖으므로 모세가 여호와께 기도하니 불이 꺼졌더라 그 곳 이름을 다베라라 불렀으니 이는 여호와의

불이 그들 중에 붙은 까닭이었더라(민 11장:1-3)
　여호와께로부터 불이 나와서 분향하는 이백오십 인을 불살랐더라
(민16:35)

⑧ 소돔과 고모라를 멸하신 불.

소돔과 고모라는 실제 불로 멸망당하였다. 절대 말씀의 불이 아니
었다.

　여호와께서 하늘 곧 여호와께로부터 유황과 불을 소돔과 고모라
에 비같이 내리사 그 성들과 온 들과 성에 거주하는 모든 백성과 땅
에 난 것을 다 엎어 멸하셨더라(창19:24~25)

## (2) 세상 끝의 불은 무슨 불인가?

예수님께서 다시 오실 때, 불 심판은 어떤 불인가? 예수님께서 직
접 소돔과 고모라 성에 떨어진 불과 같다고 말씀하셨다. "인자의 나
타나는 날에도 이와 같으리라"(눅17:30)라고. 소돔과 고모라 성에 떨
어진 불은 실제 불이었다. 그러므로 재림 때의 불은 실제 불이다.

　또 롯의 때와 같으리니 사람들이 먹고 마시고 사고팔고 심고 집을
짓더니 롯이 소돔에서 나가던 날에 하늘로부터 불과 유황이 비 오듯
하여 그들을 멸망시켰느니라 인자의 나타나는 날에도 이러하리라
(눅17:28~30)

### (3) 베드로후서 3:7의 동일한 말씀으로 불사른다는 것은 무엇인가?

정명석은 베드로후서 3장 7절의 "이제 하늘과 땅은 동일한 말씀으로 불사르기 위하여 보호하신 바 되어"를 이용하여 불 심판은 말씀심판이라고 주장하였다. '말씀으로 불사른다고 성경에 나와 있지 않느냐? 예수님에게 직접 들은 베드로가 불 심판은 말씀심판이라고 정확하게 말했다'고 주장한다. 정명석은 '불 심판은 말씀심판'이라는 자신의 주장을 입증하기 위해 이 성경구절을 자신 있게 제시하였다. 그러나 과연 그러한가? 다른 번역본들을 살펴보자.

> 또한 동일한 하나님의 말씀이 지금 이 세상의 하늘과 땅을 지키고 있습니다. 우리가 살고 있는 이 세상은 불로 멸망당할 것인데, 마지막 심판 날에 하나님을 믿지 않고 거역한 사람들과 함께 멸망될 것입니다(아가페 쉬운 성경)
>
> 사실 하늘과 땅은 지금도 하느님의 같은 말씀에 의해서 그대로 남아 있습니다. 그러나 하늘과 땅은 하느님을 배반하는 자들이 멸망당할 심판의 날까지만 보존되었다가 불에 타 버리고 말 것입니다(공동번역)
>
> *By the same word the present heavens and earth are reserved for fire, being kept for the day of judgment and destruction of ungodly men.*(NIV)

좀 더 이해하기 쉽게 문맥 전체에서 찾아보자.

먼저 이것을 알지니 말세에 조롱하는 자들이 와서 자기의 정욕을 따라 행하며 조롱하여

이르되 주께서 강림하신다는 약속이 어디 있느냐 조상들이 잔 후로부터 만물이 처음 창조할 때와 같이 그냥 있다 하니

이는 하늘이 옛적부터 있는 것과 땅이 물에서 나와 물로 성립한 것도 하나님의 말씀으로 된 것을 그들이 일부러 잊으려 함이로다

이로 말미암아 그 때 세상은 물이 넘침으로 멸망하였으되

이제 하늘과 땅은 그 동일한 말씀으로 불사르기 위하여 보호 하신 바 되어 경건하지 아니한 사람들의 심판과 멸망의 날까지 보존하여 두신 것이니라(벧후3:3~7)

그 동일한 말씀(the same word)이란 무엇인가? 베드로후서 3장 5~6절을 보자. 하늘과 땅이 어떻게 존재하게 되었는가? 하나님 말씀대로 창조된 것이다. 대 홍수가 어찌 발생했는가? 노아 홍수 심판은 그냥 우연히 생긴 것이 아니라 하나님 말씀대로 되었다. 그와 같이 이제 하늘과 땅도 '그 동일한 말씀에 의하여' 불 심판 받을 것이다. '그 동일한 말씀이란', 말씀으로 천지 창조하셨던 그 말씀, 홍수심판 하시겠다고 말씀하고 그 말씀하신대로 심판하셨던 그 말씀, 이제 그 동일한 하나님의 말씀이 하늘과 땅도 불 심판하시겠다고 말씀하셨으니, 그 말씀하신 대로 불심판하시겠다는 것이다. 정명석의 주장처럼, 말씀으로 불 심판한다는 말이 아니고, 불 심판 하겠다고 말씀하신대로 불 심판 하시겠다는 것이다.

정명석은 개역한글 성경의 '그 동일한 말씀으로 불사르기 위하여'라는

베드로의 말을 오해하였다. 그리하여, '말씀으로 불사른다고 하지 않았느냐? 그러므로 불 심판이 아니라, 말씀 심판이다'고 주장한 것이다.

이와 같이 이단의 교주들이 기본적으로 성경의 국문해득을 잘못해서 엉뚱하게 푸는 경우들이 많다. 기본적으로 성경 해석은 국문해석부터 정확해야 한다.[173] 그러나 국문자체를 엉뚱하게 이해하면, 뒤에 아무리 멋들어진 설명을 한다고 해도 결국 그것은 성경과 크게 동떨어진 이야기일 뿐이다.

베드로후서 3장 5절에서 "그들이 일부러 잊으려 함이로다"고 했을 때, 그들은 누구인가? 그들은 바로 베드로후서 3장 4절에서 "주께서 강림하신다는 약속이 어디 있느냐 조상들이 잔 후로부터 만물이 창조될 때와 같이 그냥 있다"라고 말하는 사람들이다. 그들의 말은 오늘날 이단들의 주장과 유사하다. 왜냐하면 이단들은 '말세가 어디 있느냐? 만물은 창조 때부터 지금까지 그냥 있지 않느냐? 말세는 세상 끝 날이 아니라 영원히 돌고 돈다. 주께서 강림하신다는 말씀이 어디 있느냐? 예수님이 구름타고 오시겠느냐?'라면서 주의 강림을 부인하는 사람들이다. 그리고 "말세란 구시대에서 새 시대로 전환하는 것이고, 만물은 대 환란이나 대변혁 없이, 그냥 존재하게 될 것이다"[174]고 말하는 사람들이다. '그들'이란 이와 같이 불 심판에 대한 예언의

---

173) Louis Berkhof, 『성경해석학』 윤종호·송종섭 역 (서울: 개혁주의신행협회, 2011), 32.
174) 기독교복음선교회, 『실제보는 강의안』, 38-44. 정명석의 말세론은 순환론이다. 봄의 말세는 여름, 여름의 말세는 가을, 가을의 말세는 겨울. 다시 봄... 이렇게 돌고 돈다. 결국 지구는 영원하다고 주장한다(전1:9). 전도서의 지구가 영원하다는 것은 사람의 수명에 비하여 상대적 영원성을 말한 것이다. 베드로는 이렇게 말세가 없다고 말하는 사람들을 경건치 않은 사람들이라 한 것이다.

말씀을 조롱하는 사람들이다. 그들이 하늘과 땅과 함께 불 심판 받을 경건치 않은 사람들(벧후3:7)이다. 베드로는 그런 사람들에게 노아 때나, 롯의 때처럼 사람들이 심판의 경고를 듣고도 농담으로 여기다가 멸망 받았듯이, 재림 때에도 심판의 경고를 듣고도 불신하다가 하늘과 땅과 함께 불 심판 받고 멸망 받을 것이라고 경고한 것이다.

### (4) 눅12:49의 불이 말씀인가?

불은 말씀을 비유한 것도 있고, 다른 의미의 불(예를 들면, 성령의 불, 사랑의 불, 질투의 불, 정욕의 불, 분노의 불...)도 있지만, 대부분의 불은 실제 불을 의미한다. 그래서 불은 문맥에 따라 해석해야지, 무조건 말씀이라고 일반화할 수 없다.

이단들이 주로 내세우는 구절이 누가복음12장 49절이다. "내가 땅에 불을 던지러 왔노니 이 불이 이미 붙었으면 내가 무엇을 원하리요." 이단들은, 예수님께서 과연 문자대로 땅에 불을 던지러 오셨겠냐고 반문한다. 그리고 문자대로 믿는다면 예수님은 불 던지는 방화범이 된다고 주장한다. 그러기에 예수님께서 던진 것은 실제의 불이 아니라 말씀의 불이라는 것이다. 그러나 본문을 다시 읽어보자.

> 내가 땅에 불을 던지러 왔노니 이 불이 이미 붙었으면 내가 무엇을 원하리요
> 나는 받을 세례가 있으니 그것이 이루어지기까지 나의 답답함이 어떠하겠느냐
> 내가 세상에 화평을 주려고 온 줄로 아느냐 내가 너희에게 이르노

*니 아니라 도리어 분쟁하게 하려 함이로라(눅12:49~51)*

　누가복음 12장 49절에서는 불을 던지러 왔다고 하셨고, 50절에서는 받을 세례 때문에 답답하다고 말씀하셨고, 51절에서는 화평이 아니라 분쟁하게 하려고  왔다고 하셨다. 49절과 51절을 비교하면, 불과 분쟁이 같은 의미라는 것을 알 수 있다. 49절에서는 불을 던지러 왔다고 하시고, 51절에서는 분쟁하게 하려고 왔다고 하셨기 때문이다. 그리고 52절~53절에서 "한 집에 다섯 사람이 있어 분쟁하되 셋이 둘과 둘이 셋과 하리니, 아버지가 아들과, 아들이 아버지와, 어머니가 딸과, 딸이 어머니와, 시어머니와 며느리가, 며느리가 시어머니와 분쟁하리라"고 하셨다.

　결국 예수님의 출현으로 가정은 예수님을 믿는 사람과 믿지 않는 사람들 간의 분쟁이 발생하게 되고, 그로 인해 가족 구성원 간에 평화가 깨지고, 예수님은 앞으로 받을 세례(십자가의 죽으심)가 남았고, 예수님은 십자가를 지셔야 하겠기에 답답하심을 느끼셨던 것이다. 그럼으로 불은 말씀으로만 해석할 수 없다. 우리들도 할 일이 앞에 많이 남아 있어 가슴이 답답할 때, '가슴에 천불난다, 머리에 열불 난다'고 말한다. 예수님의 "내가 불을 던지러 왔다"는 말씀은, 단순히 말씀을 전하러 오셨다 라기 보다는, 예수님의 오심으로 세상에 분쟁이 일어날 것과 예수님께서 지셔야할 십자가를 생각하시면서 "답답한 심정"을 토로하신 것이다.

　(5) 렘5:14절과 렘23:28~29의 불은?

예레미야 5장 14절에서 "그러므로 만군의 하나님 여호와께서 이와 같이 말씀하시니라 너희가 이 말을 하였은즉 볼지어다 내가 네 입에 있는 나의 말을 불이 되게 하고 이 백성을 나무가 되게 하여 불사르리라"고 하였다. 여기서 이단들은 '예레미야의 말이 불이 되게 하고, 이스라엘 백성으로 나무가 되게 하여 불사른다고 하지 않았느냐?'고 반문한다. 그것은 예레미야의 말씀으로 이스라엘 백성들이 심판 받은 것이라고 주장한다. 그러나 과연 그러한가? 예레미야 5장 11절부터 읽어보자.

> 여호와의 말씀이니라 이스라엘의 집과 유다의 집이 내게 심히 반역하였느니라 그들이 여호와를 인정하지 아니하며 말하기를 여호와께서는 계시지 아니하니 재앙이 우리에게 임하지 아니할 것이요 우리가 칼과 기근을 보지 아니할 것이며 선지자들은 바람이라 말씀이 그들의 속에 있지 아니한즉 그같이 그들이 당하리라(렘5:11~13).

이스라엘 백성들이 하나님께 반역하였다. 반역의 내용은 '하나님은 안 계시다. 재앙이 임하지 아니할 것이다. 칼과 기근을 보지 아니할 것이다. 선지자들은 바람이다'고 말한 것이다. 그런 반역에 대하여 하나님께서 "너희가 이런 말을 하였은즉 볼지어다 내가 네 입에 있는 말을 불이 되게 하고, 이 백성을 나무가 되게 하여 불사르리라(렘5:14)"고 하셨다. 이스라엘 백성들이 '하나님은 안 계시고, 선지자들은 바람(wind)이고, 우리들에게 아무런 해가 없을 것이라'고 조롱하였다. 그것에 대하여 하나님께서 예레미야에게 "네 입에 있는 나의 말이 불이 되게 하고, 이 백성으로 나무가 되게 하여 불사르리라"하셨다. 이것이 말씀심판만 하고 끝난다는 말씀인가? 천만의 말씀이다. 계속하여 다음 구절들을 읽어보자.

> 여호와의 말씀이니라 이스라엘 집이여 보라 내가 한 나라를 먼 곳에서 너희에게로 오게 하리니 곧 강하고 오랜 민족이라 그 나라 말을 네가 알지 못하며 그 말을 네가 깨닫지 못하느니라 그 화살 통은 열린 무덤이요 그 사람들은 다 용사라 그들이 네 자녀들이 먹을 추수 곡물과 양식을 먹으며 네 양 떼와 소 떼를 먹으며 네 포도나무와 무화가 나무 열매를 먹으며 네가 믿는 견고한 성들을 칼로 파멸하리라(렘5:15~17).

강하고 센 한 나라(바벨론)를 먼 곳에서 불러 이스라엘 백성들의 곡식과 양식을 빼앗고, 양떼와 소떼를 먹을 것이며, 포도와 무화과를 먹고, 견고한 성들을 칼로 파멸하게 하신다고 하셨다. 이스라엘 백성들은 하나님이 없다고 하고, 선지자들은 바람이라고 비난했으나, 하나님께서는 예레미야가 전쟁이 있으리라고 말한 대로, 그대로 불같이 전쟁의 참화를 겪게 될 것이라는 말씀이다. 그럼으로 하나님의 말씀은 허풍이 아니라, 전쟁의 참화로서 불같이 성취된 것이다.

불이 나무를 불사른다는 것은 말씀으로 사람들을 심판한다는 뜻이 아니다. 나의 말이 불이 된다는 것은, 유다나라에 바벨론이 침공해서 "곡물과 양식" 또한 "양떼와 소떼"와 "포도나무 열매와 무화과 열매"를 빼앗으며 모든 견고한 성들을 파멸하는 것으로 성취되었다. 예레미야 선지자의 '전쟁난다'는 말은 바람(허풍)이 아니라 마른 나무에게 불처럼 권위 있었다. 그래서 전쟁난다는 말은 말로서 끝난 것이 아니라 그대로 전쟁의 참화를 가져오고야 말았다. 하나님의 말씀은 바람(허풍)이 아니라 불(전쟁참화)이었다.

렘23장 29에서 "여호와의 말씀이니라 내 말이 불같지 아니하냐 바위를 쳐서 부스러뜨리는 방망이 같지 아니하냐"고 하였다. 이단들은 여기서 '하나님께서 내 말이 불같지 아니 하냐 방망이 같지 아니하냐고 말씀하지 않으셨느냐? 그러니까 하나님의 말씀은 불이고, 방망이다'고 주장한다.

물론 하나님의 말씀은 불같기도 하고, 방망이 같기도 하다. 그러나 모든 곳의 불이 말씀이라고 할 수는 없다. 사람이 벌떼와 같이 몰려들었다고 해서, 다른 문장에서의 벌떼도 사람이라고 말할 수 없다. 뉴스 시간에 '벌 사냥꾼이 벌떼를 소탕했다'고 보도했다고 치자. 그것은 벌을 소탕한 것이지, 사람들을 소탕한 것이 아니다. 마찬가지로, 예레미야 23장 29절에서 하나님의 말씀을 불같다고 해서, 베드로후서 3장의 불도 말씀이라고 일반화할 수 없다. 불도 문맥 따라서 해석해야 한다.

### (6) 말라기 4장 1절~3절의 불은?

> 만군의 여호와가 이르노라 보라 용광로 불같은 날이 이르리니 교만한 자와 악을 행하는 자는 다 지푸라기 같을 것이라 그 이르는 날에 그들을 살라 그 뿌리와 가지를 남기지 아니할 것이로되 내 이름을 경외하는 너희에게는 공의로운 해가 떠올라서 치료하는 광선을

> 비추리니 너희가 나가서 외양간에서 나온 송아지같이 뛰리라 또 너
> 희가 악인을 밟을 것이니 그들이 내가 정한 날에 너희 발바닥 밑에
> 재와 같으리라 만군의 여호와의 말이니라(말4:1~3)

여기서 '용광로 불같은 날'은 무엇인가? 정명석에 의하면, 유대종
교인들은 메시아가 오면 용광로 불같이 뜨거운 불로 교만한 자들과
악인들을 심판하여 발바닥 밑에 재와 같이 밟으리라고 믿었다는 것
이다. 그러나 예수님이 오셔서 불같은 말씀만 하셨지, 어디 불심판하
여 사람들을 불로 태워서 재와 같이 밟고 다닌 적이 있느냐고 반문한
다. 유대종교인들은 실제로 불심판할 줄 알았기에, 예수님께서 진리
의 불을 던졌어도 알아보지 못했다는 것이다. 그와 같이 재림 때도 문
자대로 불 심판 할 것으로 알지만 초림 때와 같이 말씀 심판이라고 주
장한다.[175] 이와 같은 주장은 JMS뿐만 아니라, 많은 이단들의 공통된
주장이다.

말라기서는 구약의 마지막 예언서이다. 예언의 대상은 일차적으로
말라기 시대를 살던 이스라엘 백성들이다. 이스라엘 백성들은 우상
숭배하다가 징계 받고 바벨론으로 끌려가 70년 동안 죽을 고생을 하
다가 돌아왔다. 그들은 다시는 우상숭배는 하지 않고, 여호와만 섬기
기로 하고 돌아왔지만, 개중에는 몸만 돌아왔지 마음까지 돌아오지
않은 사람들도 있었고, 하나님을 진실로 경외하는 사람들도 있었다.
그러기에 말라기 4장 1절~2절에 여호와의 날을 대하는 두 종류의 사
람이 등장하고 있다. 말라기는 이런 이스라엘 백성들에게 여호와의

---

175) 기독교복음선교회, 『실제 보는 강의안』, 26.

크고 두려운 날이 오리라고 예언했다. 크고 두려운 날은 무엇인가?

"교만한 자와 악을 행하는 자"(말4:1)들과 그리고 "내 이름을 경외하는 너희"(말4:2)가 나온다. 이 두 종류의 사람은 여호와의 날을 맞이하는 자세가 다르다. 성경이 말하는 교만한 자는 사람의 사상이나 삶 속에 하나님을 부정하는 태도를 가진 사람들을 말한다. 악을 행하는 자들은 누구인가? 하나님의 나라에 방해가 되고 마귀에게 도움을 주는 사람들이다. 교만하고 악을 행하는 자들에게 말라기는 '크고 두려운 날'이 올 것이라고 예언하였다.

유대인들은 메시아가 오면 자신들을 로마에서 해방시켜줄 정치적 메시아를 기다렸다. 그들은 그 기대를 예수께 걸었으나 "내 나라는 이 세상에 속하지 아니하였다"(요18:36)고 말하며 십자가에서 죽자, 예수님에 대한 기대는 실망과 분노로 바뀌었다. 이후 유대인들은 일부 열심당원들을 중심으로 자신들의 힘으로 로마로부터 해방을 쟁취하기 위해 반란을 일으켰다. 로마는 무력으로 유다를 진압하였다. AD 70년 로마 장군 타이터스(Titus)는 유대인 110만 명을 죽이고, 9만 7천명을 포로로 끌고 갔다. 예루살렘 성전은 전소(全燒)되었고, 돌 위에 돌이 하나도 남지 않을 정도로 완전히 파괴되고 말았다. 교만하고 악을 행하는 자들에게 예수 그리스도의 오신 그날은 무서운 날이 된 것이다.[176] 예수님의 오심은 악인들에게 용광로 불같은 크고 두려운 날이었다.

이스라엘 백성들 중에는 여호와의 이름을 경외하는 자들도 있었다. 그들에게 예수님의 오심은 축복된 날이 되었다. 그들은 송아지처럼

---

176) 피영민, 『예언자들 II』 (서울: 검과흙손, 2016), 432.

뛰어다니게 되었다. 의로운 해는 예수 그리스도를 말한다. 사가랴는 예수님을 돋는 해라고 하였다(눅1:78). 예수 그리스도는 치료의 광선을 발하여 육신의 병뿐만 아니라, 죄를 대속하여 우리에게 구원의 빛을 비쳐 주셨다. 예수님의 오심은 의로운 해가 떠올라서 치료의 광선을 발하는 날이 되었다. 이스라엘 백성들 가운데 하나님을 경외하는 자들은 예수 믿고 구원받았지만, 불신하던 악인들은 발바닥 밑의 재 같은 존재들이 되었다.

예수님께서는 사도들을 파송하시면서, 그들이 복음을 전해도 받아들이지 않는 사람들을 만나거들랑, "너희 발의 먼지를 떨어버리라"(마10:14)고 말씀하셨다. 그리고 사도 바울도, "평강의 하나님께서 속히 사단을 너희 발아래서 상하게 하시리라"(롬16:20)고 하였다. 그럼으로 예수 믿고 구원 받은 것은 사단을 발로 밟은 것이었다. 예수 그리스도가 오신 날은 교만하고 악한 사람들에게는 용광로 불과 같은 날이었고, 여호와를 경외하는 사람들에게는 구원의 날, 축복의 날, 사단을 재와 같이 밟는 승리의 날이 되었다.[177] 그럼으로 말라기 4장의 불 심판은 단순히 말씀심판이라기 보다는 용광로 불 같은 심판의 역사였다.

## (7) 성경의 종말관

### ① 구약성경

구약성경에도 천지가 없어질 것이라고 예언하였다. 시편102편 26

---

177) 피영민, 『예언자들 Ⅱ』, 434.

절~27절에 "천지는 없어지려니와 주는 영존하시겠고 그것들은 다
옷 같이 낡으리니 의복 같이 바꾸시면 바뀌려니와 주는 한결같으시
고 주의 연대는 무궁하리이다"라고 하였다.

② 신약성경
신약성경에도 여러 곳에서 천지는 없어질 것이라고 말씀하고 있다.

> 천지는 없어질지언정 내 말은 없어지지 아니하리라(마24:35)
> 그것들은 멸망할 것이나 오직 주는 영존할 것이요(히1:11)
> 그 때에는 그 소리가 땅을 진동하였거니와 이제는 약속하여 이르
> 시되 내가 또 한 번 땅만 아니라 하늘도 진동하리라 하셨느니라 이
> 또 한 번이라 하심은 진동하지 아니하는 것을 영존하게 하기 위하여
> 진동할 것들 곧 만드신 것들이 변동될 것을 나타내심이라 그러므로
> 우리가 흔들리지 않는 나라를 받았은즉 은혜를 받자 이로 말미암아
> 경건함과 두려움으로 하나님을 기쁘시게 섬길지니 우리 하나님은
> 소멸하는 불이심이라(히12:26~29)

특히 히브리서 12장 27절의 "한 번 더(once more)" 진동하겠다는
것이 무엇인지 공동번역을 통해서 살펴보자. "한 번 더"는 결국 하늘
과 땅을 없애겠다는 말씀이다.

> 그 때에는 그분의 음성이 땅을 뒤흔들었지만 이번에는 "나는 한 번
> 더 내 음성으로 세상을 뒤흔들겠다. 이번에는 땅 뿐 아니라 하늘까지

도 뒤흔들겠다." 하고 다짐하셨습니다. 이 "한 번 더"라는 말은 피조물들을 흔들어서 없애버린다는 것을 뜻하며, 따라서 흔들리지 않는 것은 그대로 남아 있게 하겠다는 뜻입니다. 우리는 흔들리지 않는 나라를 차지했으니 감사를 드립시다. 그리고 하느님께서 기뻐하시도록 경건한 마음과 두려워하는 마음으로 하느님께 예배를 드립시다. 사실 하느님은 태워버리는 불이십니다(히12:26~29, 공동번역)

그러므로 재림 때의 불 심판의 불은 실제 불이다. 천지가 불에 타서 없어질 것이라는 말씀은 이외에도 많다. 계속하여 다른 성경구절도 살펴보자.

우리가 여기(지구)에는 영구한 도성이 없으므로 장차 올 것을 찾나니(히13:14)

이 세상도, 그 정욕도 지나가되(pass away: 사라지다, 없어지다) 오직 하나님의 뜻을 행하는 자는 영원히 거하느니라(요일2:17)

하늘이 불에 타서 풀어지고 물질이 뜨거운 불에 녹아지려니와 우리는 그의 약속대로 의가 있는 곳인 새 하늘과 새 땅을 바라보도다 (벧후 3:12~13)

또 내가 크고 흰 보좌와 그 위에 앉으신 자를 보니 땅과 하늘이 그 앞에서 피하여 간 데 없더라(계20:11)

또 내가 새 하늘과 새 땅을 보니 처음 하늘과 처음 땅이 없어졌고 바다도 다시 있지 않더라(계21:1)

### (8) 9.11테러, 인도네시아 쓰나미 등 각종 각색의 재해들

정명석은 2000년을 기점으로 하여 자연재해가 급진적으로 증가하였다고 주장하면서, 시대의 사명자가 이미 나타났다는 증거라고 주장한다.[178] 세상의 재난을 이용하여 자기가 시대의 사명자라고 아전인수(我田引水)격으로 주장하는 것이다. 그 말을 듣는 사람들은 각종 재해, 이상기후가 발생할수록 정명석이 재림예수라고 더욱 믿게 되는 것이다.

그러나 자연재해가 많아지고 이상기후가 발생하고, 전염병이 많이 생겨난다고 해서, 그런 것들이 정명석이 재림예수라는 것과는 아무런 상관이 없다. 그 재해들은 이 시대 사람들이 정명석을 재림예수로 깨닫지 못함에 대한 하나님의 심판이 아니라, 예수님의 재림이 가까이 왔다는 징조들이다.

정명석의 출현이 예수님의 재림이 아니다. 오히려 정명석이나 또는 자기를 재림예수라고 주장하는 적그리스도들이 오늘날처럼 많이 출현한 것이야말로 예수님의 재림이 임박했다는 징조들이다. 그리고 9.11테러나 쓰나미와 같은 각양각색의 재해들은 세상 사람들이 정명석이 재림예수로 오신 것을 몰라봐서 받은 심판이 아니다. 오늘날처럼 재난재해의 빈도가 급증한 것은 오히려 주님의 재림에 대한 임박한 징조들로 받아들여야 한다(마 24:4~8). 재림 때의 불 심판은 건물 몇 개 부서지고, 국지적으로 지진이 나고, 쓰나미가 발생하는 정도가 아니다. 옛 하늘과 옛 땅이 다 사라지는 우주적인 대(大) 심판이다.

---

178) 기독교복음선교회, 『실제 보는 강의안』, 38-44.

(9) 새 하늘과 새 땅은 어디인가?

정명석은 새 하늘과 새 땅을 성약시대인 JMS(정명석) 주관권이라고 푼다. 그리고 금산군 월명동(정명석 생가지역–필자 주)을 새 하늘과 새 땅이라고도 한다. 과연 그러한가?

> 내 아버지 집에는 거할 곳이 많도다. 그렇지 않으면 너희에게 일렀으리라. 내가 너희를 위하여 거처를 예비하러 가노니 가서 너희를 위하여 거처를 예비하면 내가 다시 와서 너희를 내게로 영접하여 나 있는 곳에 너희도 있게 하리라(요14:2~3)

'나 있는 곳에 너희도 있게 하리라'는 곳은 이 지구의 어떤 장소가 아니다. 예를 들면, 금산이나 과천이나 청평이나 봉천동 등 그 어떤 지역도 될 수 없다. 히브리서 11장 16절에서 "그들이 이제는 더 나은 본향을 사모하니 곧 하늘에 있는 것이라 이러므로 하나님이 그들의 하나님이라 일컬음 받으심을 부끄러워하지 아니하시고 그들을 위하여 한 성(城)을 예비하셨느니라"고 하였다. 하나님께서 믿음의 승리를 한 사람들을 위하여, 하늘에 한 성을 예비하셨다는 것은 새 예루살렘 성인 천국을 예비하셨다는 말이다. 그러므로 새 하늘과 새 땅은 지구의 어떤 장소나 어느 특정 단체의 지역이나 주관권이 아니라 천국이다. 지구는 영원하지 않다. 불로 심판받고 구원받은 사람들은 새 하늘과 새 땅인 천국에 들어가는 것이다.

(10) 유형세계(有形世界)는 영원하지 않다.

① 정명석의 창조론은 이원론과 유사하다.

정명석은 유형세계도 무형세계와 같이 영원하다고 주장하기 때문이다.[179] 기독교는 모든 존재의 원인은 하나님 한분이심을 믿는 일원론이다. 하나님 외에 또 다른 영원한 존재는 인정하지 않는다. 유형세계는 무형세계로부터 나온 부산물(副産物)이지, 무형세계처럼 영원한 것이 아니다. 히브리서 11장 3절에도 "믿음으로 모든 세계가 하나님의 말씀으로 지어진 줄을 우리가 아나니 보이는 것은 나타난 것으로 말미암아 된 것이 아니니라"고 하였다. 그럼으로 유형세계는 영원하지 않다.

② 정명석의 역사론은 순환사관이다.[180]

정명석의 역사론은 봄에서 여름, 가을, 겨울로 순환한다. 그래서 말세는 세상 끝이 아니라, 전환이라고 한다. 그것은 희랍사람들의 순환사관이다. 희랍사람들은 천체들의 질서와 조화, 계절의 반복과 규칙성, 사물의 생성과 소멸을 통해 역사의 순환법칙을 주장하였다. 시간은 영원을 모방하기 위해 원을 그리면서 움직인다고 보았기 때문에 시간을 순환적인 것으로 이해하였다.[181] 따라서 창조나 종말도 없게 된다. 다만 그것은 무한히 원을 그리면서 운동할 따름이다. 역사의 과정에서는 엄밀한 의미에서 새로운 것이란 하나도 없게 된다. 왜냐하

---

179) 세계청년대학생MS연맹, 『초급편』, 195-199.
180) 기독교복음선교회, 『실제 보는 강의안』, 40-42.
181) Timaeus, 37c~38c. Conford, Plato's Cosmology(London, 1956) pp.99~105. 선한용, 『시간과 영원』, 134에서 재인용.

면 모든 것은 끝없이 반복되어 나타나기 때문이다.

그러나 말씀(로고스)이신 예수님께서 시간 속에 오셔서 성육하셨다는 것은 순환적인 역사관을 반대하는 특별한 이유가 된다. 예수님의 성육신은 단회적이고, 십자가 사건도 단회적 사건이다. 절대로 반복되지 않는다. 만약에 정명석의 주장처럼 역사가 반복되고 순환된다면, 예수님은 성육신해서 십자가에서 죽으시고, 또 성육신해서 또 십자가에서 죽으심을 반복해야 한다. 그러나 성경에 성육신은 예수님뿐이었고(요1:14), 예수님의 십자가는 "한 번에 영원히"(히10:14)라고 못 박아 말씀하셨다.

직선사관에서는 똑같은 일이 반복되지 않는다. 만약 반복된다면 예수님의 십자가가 또 발생해야 한다. 초림예수가 십자가 진 것처럼, 재림예수가 또 십자가를 져야 한다는 말인가? 그러나 재림 때는 죄와 상관이 없기 때문에, 더 이상 죄인들을 위해 십자가를 지실 일이 없다(히9:28).[182] 정명석은 자기가 감옥 갔다 온 것은 이 시대의 십자가를 지었다고 말하고 있으나 그런 것은 성경에 없는 말이다. 십자가의 도란 죄가 없는 구세주가 인류의 죄를 대신하여 죽는 것을 말한다. 정명석처럼 자기 죄로 감옥에 간 사람들이 십자가 운운하는 것은 언어도단(言語道斷)이다. 예수님의 십자가는 단회적 사건이지만 그 효능은 영원하다.

전도서 1장 9절과 3장 15절에서의 '이제 있는 일이 옛적에도 있었고, 장래 일도 옛적에 있었다'는 말씀은 무엇인가? 인생사의 인생무

---

182) 초림 때는 죄인들의 죄를 대속하기 위하여 피 흘리셔야 했기 때문에 십자가를 지셨지만, 재림 때는 영광중에 심판하기 위해 오시기 때문에, 십자가를 또 지실 일이 없다.

상과 반복되는 삶의 원리를 말한 것이다. 결코 예수 성육신과 십자가가 반복된다거나, 세상 종말의 유무를 말한 것이 아니다. 그러므로 하나님의 불 심판하시겠다는 말씀은 반드시 실현되고 말 것이다.

전도서 1장 4절의 "한 세대는 가고 한 세대는 오되 땅은 영원히 있도다"는 말은 무엇인가? 이 말씀은 땅이 영원히 존재하리라는 말씀이 아니다. 인생의 허무함과 가변성을 강조하기 위해, 짧은 세대변화의 주기에 비해 땅의 상대적 영원성을 언급한 것이다. 세대가 이어져도 인류의 기본적인 허무한 상황은 변하지 않음을 말하고 있다.

③ 두 개의 무한자가 병립(竝立)할 수 없다.

정명석은 무형세계가 영원하듯이, 유형세계도 영원하다고 주장한다. 그러나 무형세계도 영원하고, 유형세계도 영원할 수는 없다. 하늘의 천사도, 심지어 사탄마저도 전부 피조물이다. 영원한 것은 오직 하나님 한 분 밖에 없다.

④ 이원론은 선이 악을 이긴다는 확증이 없다.

이원론의 문제는 하나님과 물질세계의 악이 영원한 마찰 관계에 있다고 보는 것이다. 하나님과 악은 항상 공존해왔으므로 우리는 하나님께서 악을 정복하실 것이라는 확신을 가질 수 없다.[183] 이것은 기독교의 창조신앙과 맞지 않다. 악은 결국 멸망으로 끝난다.

정리하면, 정명석은 불 심판은 말씀 심판이라고 주장한다. 그러나

---

183) Wayne A. Grudem, 『조직신학(상)』, 노진준 역 (서울: 은성, 1997), 393.

그것은 불 심판을 왜곡시켰다. 성경에 나오는 불들 가운데는 말씀을 비유한 것도 있다. 하지만 그것을 기화로 하여 이와 같이 말세의 불 심판도 말씀 심판이라고 주장하는 것은 잘못된 것이다.

엘리야 갈멜 제단에 불이 떨어진 것도, 솔로몬 성전의 제단에 불이 떨어진 것도, 소돔과 고모라 성에 떨어진 불도 다 실제 불이었다.

예수님께서는 인자의 오는 날에도 소돔과 고모라와 같을 것이라고 직접 말씀하셨다(눅17:29~30). 따라서 불 심판은 실제 불 심판이다. 우리는 더 이상 거짓 교리에 미혹되지 말고, 거룩한 행실과 경건함으로 그 날이 오기를 간절히 바라보고 사모해야 할 것이다.


## 2. 구름

예수님께서 구름타고 재림하실 것이라고 예언하셨다. 그러나 JMS(정명석)은 구름을 사람이라 풀고, 자기를 따르는 사람이 구름같이 많으니 자기가 바로 구름 탄 재림예수라고 주장하는 것이다. 과연 그러한가? 구름은 비유인가? 실제 구름인가?

> 그 때에 인자의 징조가 하늘에서 보이겠고 그 때에 땅의 모든 족속들이 통곡하며 그들이 인자가 구름을 타고 능력과 큰 영광으로 오는 것을 보리라(마24:30)
> 그 때에 사람들이 인자가 구름을 타고 능력과 큰 영광으로 오는 것

을 보리라(눅21:27)

예수께서 이르시되 내가 그니라 인자가 권능자의 우편에 앉은 것
과 하늘 구름을 타고 오는 것을 너희가 보리라 하시니(막14:62)

## 1) JMS(정명석)의 주장

성경에는 사람을 여러 가지 만물을 들어 비유하였다. 예수님께서
구름타고 오신다는 것도 비유이다.

### (1) 구름은 사람이다.[184]

어떤 사람이 구름의 특성을 닮았을 때 그 사람을 구름이라고 하였
다. 예를 들면, 사람이 많으면 구름과 같다고 말하고, 선물한다고 거
짓 자랑하는 사람을 '비 없는 구름'과 같다고 말할 수 있다.

선물한다고 거짓 자랑하는 자는 비 없는 구름과 바람 같으니라(잠
25:14)

저희는 기탄없이 너희와 함께 먹으니 너희의 애찬에 암초요 자기
몸만 기르는 목자요 바람에 불려가는 물 없는 구름이요 죽고 또 죽
어 뿌리까지 뽑힌 열매 없는 가을 나무요(유1:12)

에브라임아 내가 네게 어떻게 하랴 유다야 내가 네게 어떻게 하랴
너희의 인애가 아침 구름이나 쉬 없어지는 이슬 같도다(호6:4)

보라 그가 구름같이 올라오나니 그의 병거는 회오리바람 같고 그

---

184) 정명석, 『비유론』, 61-62.

의 말들은 독수리보다 빠르도다 우리에게 화 있도다 우리는 멸망하
도다 하리라 예루살렘아 네 마음의 악을 씻어버리라 그리하면 구원
을 얻으리라(렘4:13-14)

### (2) 다니엘이 이상 중에 본 구름은 유대종교인이다.

내가 또 밤 환상 중에 보니 인자 같은 이가 하늘 구름을 타고 와서
옛적부터 항상 계신 이에게 나아가 그 앞으로 인도되매 그에게 권세
와 영광과 나라를 주고 모든 백성과 나라들과 다른 언어를 말하는
모든 자들이 그를 섬기게 하였으니 그의 권세는 소멸되지 아니하는
영원한 권세요 그의 나라는 멸망하지 아니할 것이니라(단7:13~14)

이 본문은 다니엘에게 메시아가 어떻게 오실 것인가를 보여준 것인
데, 기독교인들은 이 성구를 재림 때에 관한 일이라고 하니 구제불능의
사람들이다.[185] 다니엘의 밤 이상 중에 메시아가 구름타고 오신다는 것
은 예수님께서 유대종교라는 구름을 타고 오신다는 것이었다. 그러나
유대종교인들은 구름을 문자대로 믿다가 예수님을 맞지 못했다.

### (3) 구름은 정화된 사람들이다.[186]
구름이 정화된 사람들이라면 물은 타락한 사람들을 의미한다. "네
가 본 바 음녀가 앉은 물은 백성과 무리와 열국과 방언들이라"(계

---

185) 정명석, 『비유론』, 62.
186) 정명석, 『비유론』, 67.

17:15). 물이 태양에 의해 증발이 되면 구름이 되듯이, 모세라는 태양에 의해 율법을 받고 신앙생활 하던 유대종교인들은 정화된 구름이 되었다. 마찬가지로 예수님이라는 태양에 의해서 신앙 생활한 기독교인들은 오염된 물에서 정화된 구름 같은 사람들이다. 재림예수가 구름타고 오신다는 것은, 시대의 말씀을 듣고 정화된 수많은 사람들이 믿고 따르게 된 것을 말한다는 것이다.

### (4) 다스릴 자는 그 사람들 중에서 나온다.[187]

유대종교인들은 메시아가 땅에서 온다는 예언은 아예 믿지도 않고 오직 다니엘 7장 13절의 구름타고 온다는 예언만 믿고 공중만 쳐다보았다. 그러나 오기는 왔는데 방법을 달리하여 인간 구름을 타고 왔을 뿐이다. 유대종교인들은 오실 메시아를 기다리며 하늘 구름만을 쳐다보았다. 그러나 이사야11장 1~2에서 예수님에게 "여호와의 영 곧 지혜와 총명의 영이요 모략과 재능의 영이요 지식과 여호와를 경외하는 영이 강림하시리니"라고 분명히 말했다. 하나님은 장차 세울 어떤 중심인물에게 영으로 강림하여 뜻을 펼 것을 말씀하신 것이다. 한 마디로 유대교 메시아인 예수님은 유대인 중에서 나왔듯이, 기독교 메시아인 재림주는 기독교인 중에서 하나 뽑아서 그 사람에게 예수님의 영이 임하여 사명 감당하게 하는 것이다.

### (5) "본 그대로 오리라"는 것은?

정명석은 "하늘로 가심을 본 그대로 다시 오시리라"는 사도행전 1

---

187) 정명석, 『비유론』, 67.

장 11절의 말씀에 대하여 다음과 같이 주장한다.

> 이 때 예수님의 제자들이 무엇을 보았단 말인가? 예수님이 태어나서 십자가에 매달려 죽고 승천할 때까지 제자들이 본 그대로 온다는 것이다. 곧 예수님의 노정대로 온다는 것이다. 모세의 노정을 예수님이 걸었고, 노아의 노정을 모세가 걸었고, 야곱의 노정을 예수님이 걸어갔다. 역사는 동시성이기에 초림주의 노정을 재림주가 걸어가고 있고 초림주가 재림주의 노정을 걸어가게 되어 있다. 이와 같이 가심을 본 그대로 곧 노정 그대로, 과거역사 그대로 오신다는 것이다. 고로 재림주는 초림의 사명을 갖고 초림주처럼 육신 쓰고 땅에 나타나서 역사를 편다.[188]

재림예수가 구름타고 올 것이라고 믿는 사람은, 초림 때 맞이하지 못했던 유대종교인들처럼 무조건 실패할 수밖에 없다.[189] 정명석은, 재림예수도 초림 예수님 때와 똑 같이 땅에서 태어나 땅에서 살다가 땅에서 죽게 된다는 것이다.

## 2) 반 증

예수님의 재림 예언을 비유로 인봉해서 사람들로 하여금 몰라보게 하실 이유가 없다. 물론 사람이 많은 것을 두고 구름 같다고 말할 수 있지만, 예수님의 재림 시 타고 오실 구름까지 사람이라고 풀면 안 된

188) 세계청년대학생MS연맹, 『고급편』, 286-287.
189) 세계청년대학생MS연맹, 『고급편』, 286-287.

다. 그 구름은 인(人)구름이 아니라 하늘 구름이다. 다음에서 실제 구름을 의미하는 성경구절부터 살펴보자.

### (1) 실제 구름으로 쓰여 진 용례

#### ① 노아와 무지개

하나님께서 구름 속에 무지개를 두겠다고 하셨을 때, 그 구름은 무슨 구름인가? 명백하게 실제 구름이었다. 여기서 구름을 사람들이라고 푼다면 사람들 속에 무지개를 두었다는 말이 된다. 그러나 무지개는 구름 속에 있는 것이지 사람들 속에 있을 리 없다. "내가 내 무지개를 구름 속에 두었나니 이것이 나와 세상 사이의 언약의 증거니라."(창9:13)

#### ② 광야의 구름기둥

광야시절, 하나님께서 이스라엘 백성을 낮에는 구름기둥, 밤에는 불기둥으로 인도하셨다고 하셨다. 무슨 구름인가? 실제 구름이었다. 왜냐하면 구름기둥이 사람 앞에서 떠나지 아니하였다고 하였기 때문이다. 만약 구름기둥을 사람기둥이라고 말한다면 억지주장이다. 출애굽기 13장 22절에서 "낮에는 구름기둥, 밤에는 불기둥이 백성 앞에서 떠나지 아니하니라."고 하였다.

#### ③ 성막 위 구름

광야에서 구름이 성막을 덮었다고 하였는데, 무슨 구름인가? 역시 사람들로 성막을 지붕처럼 덮었다는 것은 맞지 않다. 성막은 사람들이 올라타는 곳이 아니다. "성막을 세운 날에 구름이 성막 곧 증거의 성막을 덮었고 저녁이 되면 성막 위에 불 모양 같은 것이 나타나서 아침까지 이르렀으되"(민9: 15). 여기서 성막을 덮은 것은 실제 구름이었던 것이 명백하다.

④ 호렙 산의 구름

산 아래에 불이 붙고 어둠과 구름과 흑암이 덮었다고 했는데, 그 구름은 실제 구름이었다. 신명기 4장 11절에서 "너희가 가까이 나아와서 산 아래에 서니 그 산에 불이 붙어 불길이 충천하고 어둠과 구름과 흑암이 덮였는데"라고 하였다.

⑤ 성소 안의 구름

제사장이 성소에서 나올 때에 구름이 여호와의 성전에 가득하였다고 하였다. 여기서 제사장이 성소에서 나올 때에 사람들이 성전에 가득하였다는 것은 가당치 않다. 성소는 제사장만 들어가는 곳이지 사람들로 인산인해를 이루고 북적대는 곳이 아니다. 그러므로 구름이 가득하였다고 했을 때, 구름은 실제 구름이다. "제사장이 성소에서 나올 때에 구름이 여호와의 성전에 가득하매"(왕상8:10).

⑥ 변화산 상의 구름

예수님께서 제자들과 변화산상에서 오르셨을 때 구름이 그들을 덮으며 구름 속에서 하나님의 음성이 들렸다고 하였다. "말할 때에 홀연히 빛난 구름이 그들을 덮으며 구름 속에서 소리가 나서 이르시되 이는 내 사랑하는 아들이요 내 기뻐하는 자니 너희는 그의 말을 들으라 하시는지라"(마17:5). 이 구름은 실제 구름으로 봐야 옳다. 만약 이 구름을 비유로 본다면, 사람들이 예수님의 일행을 덮고, 그 일행 속에서 하나님의 음성이 들렸다고 말해야 한다. 말이 되지 않는다. 구름은 구름이다.

⑦ 승천하실 때의 구름

예수님께서 승천하실 때 구름이 저를 가리어 보이지 않더라고 하였다. 사도행전 1장 9절에 "이 말씀을 마치시고 그들이 보는데 올려져 가시니 구름이 그를 가리어 보이지 않게 하더라"고 하였다. 무슨 구름인가? 이 구름도 실제 구름임에 틀림없다. 예수님께서 승천하실 때 어느 정도 높이 오르자 구름이 가리어 더 이상 보이지 않게 했다고 하였다. 여기서도 구름은 비유가 아니고 실제 구름이었다.

(2) 다른 의미로 쓰여진 구름들

① 죄악의 많음을 빽빽한 구름과 안개와 같다고 하였다.

*내가 네 허물을 빽빽한 구름의 사라짐 같이, 네 죄를 안개의 사라짐 같이 도말하였으니 너는 내게로 돌아오라 내가 너를 구속하였음이라(개역한글, 사44:22)*

② 어떤 것이 빨리 사라질 때 구름같이 사라진다고 한다.

순식간에 공포가 나를 에워싸고 그들이 내 품위를 바람 같이 날려 버리니 나의 구원은 구름같이 지나가 버렸구나(욥30:15)

에브라임아 내가 네게 어떻게 하랴 유다야 내가 네게 어떻게 하랴 너희의 인애가 아침 구름이나 쉬 없어지는 이슬과 같도다(호6:4)

③ 왕의 기쁨은 구름과 같다.

왕의 기쁨은 봄비를 몰고 오는 구름과 같다. "왕의 얼굴빛이 밝아야 모두 살 수 있다. 그의 기쁨은 봄비를 몰고 오는 구름과 같다"(잠16:15, 표준새번역). 여기서는 왕의 기쁨을 봄비를 몰고 오는 구름과 같다고 비유하였다.

④ 이상에서, 구름은 대부분의 경우 실제 구름이고, 가끔은 사람을 가리킬 때도 있고, 여러 다른 의미로 쓰여 질 때도 있었다. 그러므로 구름은 사람(들)을 비유한 것이라고 일반화 할 수 없다.

(3) 다니엘 7장 13절의 예언은?

① 초림 때를 두고 한 말이 아니다.

다니엘 7장3절~7절까지 다니엘의 큰 짐승 네 마리에 대한 예언이 나온다. 첫째는 사자와 같았고, 둘째는 곰과 같았고, 셋째는 표범과 같았고, 넷째는 열 뿔 가진 짐승이었다. 이것은 다니엘 성경 자체에 해석이 나와 있는 것으로, 다니엘7장 23절에 의하면, 넷째 짐승은 곧 땅의 넷째 나라라 했으니, 첫째 짐승은 첫째 나라인 바벨론이요, 둘째 나라는 메데 바사요, 셋째 나라는 헬라요, 넷째 나라는 로마를 두고 한 말이다.[190] 그리고 난 후 "인자 같은 이가 하늘 구름을 타고 와서 옛적부터 항상 계신 이에게 나아가 그 앞으로 인도되매"(단7:13)라고 하였으니, 이때는 초림 때가 아니라 재림 때라는 것을 알 수 있다. 왜냐하면 네 번째 나라인 로마가 나오고, 작은 뿔인 적그리스도가 나온 후 그 뒤에 인자 같은 이가 하늘 구름 타고 하나님께 인도된다고 하였기 때문이다.

② 유대교인들은 메시아가 구름타고 온다고 믿지 않았다.
정명석은 초림 때 유대종교인들이 메시아가 구름타고 올 줄로 알고 하늘만 쳐다보다가 땅에서 나신 예수님을 맞지 못했다고 하였다. 그러나 유대종교인들은 메시아가 구름타고 올 것이라고 믿지 않았다.

㉠ 대제사장들과 서기관들의 경우
마태복음 2장 4절에서 헤롯왕이 모든 대제사장들과 서기관들에게 "그리스도가 어디서 나겠느냐?"고 물었다. 그들은 무엇이라 대답했는가? 구름타고 오리라고 대답했는가? 아니다. 마태복음 2장 5절에서 "유대 베들레헴이오니…"라고 대답하였다.

㉡ 바리새인들의 경우
마태복음 22장 42절에서 예수님께서 바리새인들이 모였을 때 물으

---

190) Henry H. Halley, 『최신 성서핸드북』, 402; 이것은 느브갓네살 왕이 꿈에 보았던 신상의 네 나라들과 같다(단2장 이하 참조). 똑 같은 계시를 느브갓네살 왕과 다니엘에게 반복해서 보여주셨던 것이다. 그때 첫째 금 머리는 바벨론이라 하였고(단2:38), 4째 머리는 로마이니, 둘째 나라는 바벨론 뒤에 등장하는 메데 바사이고, 셋째는 헬라가 되는 것이다.

셨다. "너희는 그리스도에 대하여 어떻게 생각하느냐? 누구의 자손이냐" 그때 그들은 "다윗의 자손이니이다"라고 대답하였다. 그 말은 바리새인들도 메시아가 구름타고 올 것이라고 믿지 않았다는 증거이다.

㉱ 무리들은 어떻게 생각했는가?
요한복음 7장 42절에 무리들도 '예수가 그리스도인가 아닌가' 쟁론하면서 "그리스도는 다윗의 씨로 또 다윗이 살던 마을 베들레헴에서 나오리라 하지 아니하였느냐"라고 정확하게 대답하였다. 대제사장들과 서기관들, 그리고 바리새인들과 무리들도 모두 다 그리스도가 베들레헴에서 태어난다고 대답했다. 한 군데서도 메시아가 구름타고 오리라고 대답하지 않았다. 그 말은 정명석의 주장과는 달리, 유대종교인들은 메시아가 구름타고 오리라고 믿지 않았었다는 것을 의미한다. 그러나 정명석은 자기의 주장을 합리화하기 위해 거짓말을 하고 있는 것이다.

③ 실제 물로서의 물
정명석은 계시록 17장 15절에 "물은 백성과 무리와 열국과 방언들이니라"라고 해서 물은 타락한 사람이고, 구름은 성도들이라고 풀었다. 그러나 한 곳에서 물이 사람이라고 해서, 다른 곳의 물도 사람이라고 일반화할 수 없다. '물'이라는 단어는 문맥에 따라서 그 의미가 달라질 수 있다. '밤'이라는 단어는 먹는 밤인지, 낮과 밤의 밤인지 문장 속에서 알 수 있는 것과 같다.

㉮ 창조 둘째 날의 물

창조 둘째 날 하나님께서는 궁창 위의 물과 궁창 아래의 물로 나뉘라고 하셨다.[191] 이것은 그냥 물을 나눈 것이지, 이 물을 비유로 봐서 사람들을 위 아래로 나누었다고 말할 수 없다. 그때는 아직 사람들이 있기 전의 일이기 때문이다. "하나님이 이르시되 물 가운데에 궁창이 있어 물과 물로 나뉘라 하시고"(창1:6).

㉯ 노아 홍수 심판 때의 물

노아 홍수심판 때의 물은 실제 물이었다. "홍수가 땅에 사십일 동안 계속된지라 물이 많아져 방주가 땅에서 떠올랐고"(창7:17).

㉰ 모세가 건짐 받은 물

모세라는 이름의 뜻은 '물에서 건졌다(I drew him out of water)'는 뜻이다(출2:10). 이때의 물은 무엇인가? 실제 물이었다.

㉱ 예수님께서 세례 받으신 물

예수님께서 세례요한에게 요단강에서 세례를 받으셨을 때, 그 물은 무슨 물인가? 타락한 사람들인가? 아니다. 그냥 물이었다. 성경에서 물이 실제의 물로 쓰인 것이 대부분이다. 그러므로 물은 타락한 사람들이라 단정 지을 수 없고, 구름도 정화된 성도라 할 수 없다.

---

191) 창1:7 하나님이 궁창을 만드사 궁창 아래의 물과 궁창 위의 물로 나뉘게 하시니 그대로 되니라.

④ 물의 다양한 용례들

욥기서 15장 16절에서 악을 많이 행할 때 '물 마심 같이 한다'고 하였다. 그리고 욥기서 34장 7절에서도 남 비방하기를 자주할 때 '물마시듯 한다'고 했다. 그리고 두려움이 엄습할 때, '두려움이 물 같이 닥칠 것이다'(욥27:20)고 하였다.

그 외에도 물은 여러 가지 의미로 쓰였다. 예를 좀 더 든다면, 다윗은 마음이 무너지는 모습을 "나는 물 같이 쏟아졌으며"(시22:14)라고 하였으며, 피가 많이 흐를 때 "물같이 흘렀으나"(시79:3)고 하였다. 그리고 에스겔은 이스라엘 백성의 약한 모습을 "모든 무릎은 물과 같이 약할 것이라"(겔7:17)고 하였고, 호세아는 하나님의 진노하심을 "나의 진노를 그들에게 물 같이 부으리라(호5:10)"고 하였다. 그리고 아모스는 "정의를 물같이 흐르게 하라"(암5:24)고 하였고, 하박국은 하나님의 영광을 "물이 바다를 덮음 같이 여호와의 영광을 인정하는 것이 세상에 가득함이니라"(합2:14)고 하였다. 그리고 아모스 선지자는 하나님의 말씀을 듣지 못하는 것을 "말씀의 기갈"이라 하였고(암8:11), 예수님은 우물가의 여인과의 대화를 통해 당신의 말씀을 "다시는 목마르지 않는 물"이라고 하셨다(요4:14). 말씀은 물처럼 사람에게 생명수가 되기 때문이다.

이와 같이 '물'이라는 단어도 문맥 가운데 해석해야 한다. 요한계시록 17장 15절에서 물이 사람들이라고 해서 다른 곳의 물을 사람들이라고 일반화할 수 없다.

### (4) 초림과 재림의 상이한 출현양식.

초림과 재림은 출현양식에서 다르다. 정명석은 재림예수도 초림예수처럼 똑 같이 오신다고 주장하였으나, 그것은 성경적인 근거가 아니다. 아래에서 차이점을 살펴보자.

① 초림은 처녀의 몸에서 나신다고 하였으나(사7:14), 재림은 하늘로부터 오신다고 하였다(살전4:16).

② 초림은 초라하게 오셨으나(사53:1~2), 재림은 큰 영광 가운데 오실 것이다(마24:30)

③ 초림은 고난 받는 종의 모습으로 오셨으나, 재림은 만왕의 왕으로 오실 것이다.

④ 초림은 죄를 구속하려고 오셔서 십자가를 지셨으나(사53:5~6), 재림은 죄와 상관이 없기 때문에 다시 십자가 지는 일이 없다(히9:27).

⑤ 초림은 구원하러 오셨으나, 재림은 심판하러 오신다(유1:14~15)

⑥ 초림은 예언된 대로 나귀새끼를 타고 오셨다(슥9:9). 재림 때도 예언된 대로 구름타고 오실 것이다(행1:11). 다음에 초림과 재림에 대한 출현 양식의 차이를 표를 통해 나타냈다. 차이점을 안다면 '초림 때도 사람들이 몰라보았듯이, 재림 때도 몰라볼 수밖에 없다'는 식의 말을 할 수가 없다.

〈표6〉 초림과 재림 출현양식 비교

|   | 초림 | 재림 |
|---|------|------|
| 1 | 처녀 탄생하신다 | 하늘로부터 오신다 |
| 2 | 초라하게 오신다 | 영광 가운데 오신다 |
| 3 | 고난 받는 종으로 오신다 | 만왕의 왕으로 오신다 |
| 4 | 십자가를 지러 오신다 | 십자가를 지지 않으신다 |
| 5 | 구속하려고 오신다 | 심판하러 오신다 |
| 6 | 나귀새끼 타고 오신다 | 구름타고 오신다 |

### (5) "본 그대로" 온다는 것은?

정명석은 예수님 노정 그대로 온다고 풀었다. 그래서 재림예수도 엄마 뱃속에서 태어나서 자라서 예수님처럼 말씀 전하면서 살아간다는 것이다. 그러나 성경의 본문은 "본 그대로"가 아니라, "하늘로 가심을 본 그대로 오리라"(행1:11)이다. 그러므로 하늘로 올라가실 때 구름이 가리어 보이지 않았다고 하였음으로 하늘로 가심을 본 그대로, 위에서 오시는 것이다.

### ① 누가 오시느냐?

하늘로 올려지신 '그 예수'가 다시 오시는 것이다. 이단들의 말처럼 다른 인물이 오는 것이 아니다. 사도행전 1장 11절의 본문을 자세히 보라. "너희 가운데서 하늘로 올려 지신 이 예수는 하늘로 가심을 본 그대로 오리시라"고 하였다. 하늘로 올려 지신 그 예수가 다시 오시는 것이다. (This same Jesus, who has been taken from you into heaven, will come back in the same way you have seen him go into heaven.  NIV)

② 어떻게 오시는가?

예수님은 어떻게 오시는가? "하늘로 올려 지신 이 예수는 하늘로 가심을 본 그대로" 하늘로부터 다시 오는 것이다. 구름타고 올라가셨으니까 구름타고 오신다는 것이다. 사도행전 1장9절에 "이 말씀을 마치시고 그들이 보는데 올려져 가시니 구름이 그를 가리어 보이지 않게 하더라"고 하였다. 이때의 구름은 실제 구름이었다. 그러므로 오실 때도 하늘로부터 실제 구름타고 오시는 것이다. 이렇게 명백한 성경구절을 불신하고, 자기의 몸에 예수님의 영이 들어와서 자기가 재림예수가 되었다고 가르치는 자들이 있다. 그들이 바로 적그리스도들이다.

그리고 예수님은 처녀 탄생하셨고, 수많은 기적을 행하셨고, 심지어 십자가에 죽임당하셨으나 사흘 만에 부활하셨다. 과연 어떤 교주가 예수님처럼 처녀 탄생하고, 물 위를 걷고, 죽은 자를 살리며, 예수님처럼 육신 부활하여 하늘로 승천할 수 있는가? 과연 예수님처럼 '노정 그대로', '역사 그대로' 행할 수 있는가? 그런 사람은 하나도 없다. 예수님 외에 '본 그대로' 오실 분은 한명도 없다. 정명석은 엘리야가 다시 온다고 하였으나(말4:5), 세례요한으로 왔듯이(마11:14), 예수님도 재림한다고 했으나 다른 사람으로 온다고 말한다.[192] 그러나 성경에 분명히 "예수는 영원히 계시므로 그 제사장 직분도 갈리지 아니하느니라(히7:24)"라고 언급하였다. 여기서 제사장 직분이 갈리지 않는다는 것은 그리스도의 사명이 예수님에게서 다른 사람으로 바뀌지 않는다는 뜻이다.

---

192) 세계청년대학생MS연맹, 『고급편』, 246-250.

왜냐하면, 다른 제사장들은 죽음으로 인해 제사장 직분이 다른 사람으로 갈릴 수밖에 없으나(아론의 반차 제사장들), 예수님은 부활하셔서 영원히 계시므로(멜기세덱의 반차 제사장), 그 직분이 바뀌지 않는다(히7:23~24). 재림예수는, 다른 사람으로 얼굴이 바뀌어서 오는 것이 아니라, 동정녀 탄생하셔서 십자가에 죽으시고 사흘 만에 부활하셔서 승천하셨던 예수님, 그 예수님이 다시 오시는 것이다. 이 사실은 매우 중요하다. 이단들은 전부 '시대별 메시아론'이라는 교리를 만들어, 시대마다 메시아가 바뀐다고 주장하기 때문이다.[193] 그러나 그것은 이단교주들이 '예수님은 신약의 메시아'라고 말하면서, 자신은 '이 시대의 메시아'라고 주장하기 위한 미혹에 불과하다.

성경에는 메시아가 바뀌지 않는다고 특별 언급되어 있다. 성경에 특별히 언급된 것은 특별히 언급된 것을 중심하여 믿어야 한다. 예를 들면, 처녀탄생은 특별한 언급이다. 그럼으로 혹자가 처녀탄생은 불가능하기 때문에 '예수님도 처녀탄생하신 것이 아니다' 또는 ' 번역상의 오류다' 는 식으로 부정해서는 안 된다. "대저 하나님의 모든 말씀은 능하지 못하심이 없느니라"(눅1:37). 그러므로 구름 타고 승천하신 예수님께서는 '하늘로 가심을 본 그대로' 구름타고 다시 오시는 것이다.

---

193) 기독교복음선교회, 『실제보는 강의안』, 94-95.

# Ⅵ. 오병이어에 관한 JMS(정명석)비유론

○ JMS(정명석)의 주장

    (1) 생명의 말씀의 떡

    (2) 표적 때문이 아니라 말씀 때문에 따라 다니던 제자들

    (3) 말씀 듣고 눈이 밝아진 제자들

    (4) 12광주리와 12제자

    (5) 상식적인 오병이어 기적

# Ⅵ. 오병이어에 관한 JMS(정명석) 비유론

그 후에 예수께서 디베랴의 갈릴리 바다 건너편으로 가시매 큰 무리가 따르니 이는 병자들에게 행하시는 표적을 보았음이러라 예수께서 산에 오르사 제자들과 함께 거기 앉으시니 마침 유대인의 명절인 유월절이 가까운지라 예수께서 눈을 들어 큰 무리가 자기에게로 오는 것을 보시고 빌립에게 이르시되 우리가 어디서 떡을 사서 이 사람들로 먹이겠느냐 하시니 이렇게 말씀하심은 친히 어떻게 하실지를 아시고 빌립을 시험하고자 하심이라 빌립이 대답하되 각 사람으로 조금씩 받게 할지라도 이백 데나리온의 떡이 부족하리이다 제자 중 하나 곧 시몬 베드로의 형제 안드레가 예수께 여짜오되 여기 한 아이가 있어 보리떡 다섯 개와 물고기 두 마리를 가지고 있나이다 그러나 그것이 이 많은 사람에게 얼마나 되겠사옵나이까 예수께서 이르시되 이 사람들로 앉게 하라 하시니 그 곳에 잔디가 많은지라 사람들이 앉으니 수가 오천 명쯤 되더라 예수께서 떡을 가져 축사하신 후에 앉아 있는 자들에게 나눠 주시고 물고기도 그렇게 그들의 원대로 주시니라 그들이 배부른 후에 예수께서 제자들에게 이르시되 남은 조각을 거두고 버리는 것이 없게 하라 하시므로 이에 거두니 보리떡 다섯 개로 먹고 남은 조각이 열 두 바구니에 찼더라 그 사람들이 예수의 행하신 이 표적을 보고 말하되 이는 참으로 세상에 오실 그 선지자라 하더라(요6:1-14)

오늘날과 같은 과학주의 시대를 맞이하여 교회 안에서도 오병이어 기적에 대해 이의를 제기하는 사람들이 생겨났다.

그 중에서 첫째로 성만찬설이다. 오병이어 기적을 어떤 학자들은, 단순한 식사가 아니라 성만찬이었다고 해석했다. 그 무리들이 받은 것은 비록 떡 부스러기에 지나지 않았지만, 그것이 영혼을 강하게 만들었다는 것이다.[194]

둘째로, 도덕감화설이다. 이것은 무리 중의 많은 사람들이 하루 종일 집을 떠나 돌아다닐 것을 예견하고 먹을 것을 싸 왔었다는 것이다. 그러나 그런 준비 없이 몸만 온 사람들도 적지 않았다. 음식을 싸 가지고 온 사람들은 음식을 꺼내먹고 싶어도 혼자만 먹을 수 없어 눈치만 보고 있었는데, 그 때 한 소년이 예수님께 희생적으로 도시락을 내놓았다. 예수님께서도 그 도시락을 내놓으시며 '내가 가진 것이 모두 이것뿐이니, 자 이것 가지고 나누어 먹으라'고 하셨다. 그러자 사람들이 너도 나도 내놓기 시작하였고 그것을 모으니 오천 명이 먹고 남을 정도였다. 이것은 예수께서 이기적인 무리들을 변화시켜 가진 것을 다른 사람과 함께 나누는 이타적인 무리들로 만들었다는 점에서 기적이라고 본다.[195]

셋째로, 비유설이다. 정명석은 떡을 말씀으로 푼다. 그날 오병이어로 5,000명에게 실제로 떡을 먹이신 것이 아니라, 5,000명에게 설교하여 영적인 떡을 먹였다는 것이다. 다음에서 정명석의 주장을 살펴본 후 반증한다.

---

194) William Barclay, 『예수의 치유이적 해석』, 김득중 역 (서울: 컨콜디아사, 1984), 157.
195) William Barclay, 『예수의 치유이적 해석』, 157.

## 1) 정명석의 주장[196)]

### (1) 생명의 말씀의 떡

예수님은 자신을 생명의 떡이라고 하셨다. 즉 생명의 말씀을 떡으로 비유한 것이다.

> 예수께서 이르시되 나는 생명의 떡이니 내게 오는 자는 결코 주리지 아니할 터이요 나를 믿는 자는 영원히 목마르지 아니하리라(요6:35)
> 나는 하늘에서 내려온 살아있는 떡이니 사람이 이 떡을 먹으면 영생하리라(요6:51)

그리고 예수님은 제자들에게 누룩을 주의하라고 하셨다. 그것은 떡에 누룩이 들어가게 하지 말아야 하듯이, 예수님의 말씀에 바리새인들의 교훈이 섞이지 않게 하라는 의미이다. 여기서 누룩이 바리새인들의 교훈이라면 떡은 예수님의 말씀이다,

> 어찌 내 말한 것이 떡에 관함이 아닌 줄을 깨닫지 못하느냐 오직 바리새인과 사두개인들의 누룩을 주의하라 하시니(마16:11)

### (2) 표적 때문이 아니라 말씀 때문에 따라 다니던 제자들.

오병이어 표적 사건이 표적이 아니라는 것이 성경에 나와 있다. 예

---

196) 정명석, 『비유론』, 43-44; 정명석, 『비유론』, 안구현 편 (서울: 세계청년대학생 MS연맹, 1991), 137-144; 최성희, 『30개론 강의안』 (서울: 도서출판 명, 2002), 53-55.

수님의 제자들이 예수님을 따라 다닌 것은 표적을 봤기 때문이 아니라 생명의 양식인 말씀을 듣고 배불러서 따라 다녔다는 것이다.

> 예수께서 대답하여 이르시되 내가 진실로 진실로 너희에게 이르노니 너희가 나를 찾는 것은 표적을 본 까닭이 아니요 떡을 먹고 배부른 까닭이로다(요6:26)

여기서 표적을 본 까닭이 아니라고 했지 않느냐? 오병이어 표적이 실제 발생했다면 표적을 본 것이다. 그런데 표적을 본 까닭이 아니고 떡을 먹고 배부른 까닭이라고 했지 않느냐? 그러므로 표적이 아니라 떡을 먹고 배부른 까닭인데 그 떡이 말씀이라는 것이다. 즉 "너희가 나를 좇는 까닭은 곧 진리 때문에 좇는 것이 아니냐"라며 진리의 떡 때문에 좇고 있다고 말한 것이라는 것이다.[197] 요한복음 6장 68절에서 베드로는 "영생의 말씀이 주께 있사오니 우리가 누구에게로 가오리이까"라고 고백했다. 제자들은 말씀 들으러 따라 다닌 사람들이지 떡이나 얻어먹으려고 따라 다닌 사람들이 아니다.[198] 예수님을 따랐던 무리들은 왜 예수님이 가시는 곳 마다 졸졸 따라 다녔는가? 그것은 표적을 본 까닭이 아니고 떡을 먹고 배부른 까닭이라고 하셨다. 제자들은 어떤 표적을 보고 따른 것이 아니라, 생명의 떡 먹고 배불러서, 즉 말씀 듣고 좋아서 따라 다녔다는 것이다.

---

197) 정명석, 『비유론』, 안구현 편 (서울: 세계청년대학생MS연맹, 1991), 143.
198) 정명석, 『비유론』, 안구현 편, 143.

### (3) 말씀 듣고 눈이 밝아진 제자들

엠마오로 낙향하던 제자들에게 예수께서 떡을 떼어 그들에게 주실 때에 눈이 밝아져 그인 줄 알아보았다고 했다. 무슨 떡인데 예수님을 알아보게 하였을까? 그런 떡이 있을까? 그런 떡이 있다면 말씀의 떡이다.[199] 한 마디로, 제자들이 말씀을 듣다 보니 눈이 밝아져 예수님인 것을 깨달았다는 것이다.

> 그들과 함께 음식 잡수실 때에 떡을 가지사 축사하시고 떼어 그들에게 주시니 그들이 눈이 밝아져 그인 줄 알아보더니 예수는 그들에게 보이지 아니하시는지라 그들이 서로 말하되 길에서 우리에게 말씀하시고 우리에게 성경을 풀어주실 때에 우리 속에서 마음이 뜨겁지 아니하더냐 하고(눅24:30~32)

### (4) 12광주리와 12제자

12광주리에 남은 조각이 넘쳤다는 것은 12제자들에게 부스러기 같은 말씀이 넘쳤다는 의미이다.[200] 정리하면 떡은 말씀, 12광주리는 12제자, 남은 부스러기는 제자들이 전하는 보충적인 말씀이다.

---

199) 정명석, 『비유론』, 안구현 편, 140.

200) 정명석, 『비유론』, 43-44; 정명석, 『비유론』, 안구현 편, 144; cf. Alan Richardson, The Miracle of the Gospels(1st ed., 1941), 36. J. 칼라스 저 『공관복음서 기적의 의미』 김득중·김영봉 역(서울: 대한기독교출판사, 1985), 12-13에서 재인용. 알랜 리차드슨도 오병이어의 영적 의미만을 강조한다. 그는 열 두 광주리는 열두지파를 상징한다고 하였다.

### (5) 상식적인 오병이어 기적

그날 예수님께서는 소년의 오병이어 도시락은 옆에다 놓은 채 그냥 5,000명에게 생명의 떡인 하나님의 말씀을 전해 준 것이다. 문자대로 보면 엄청난 표적이고 기적이지만, 비유로 보면 당연히 상식적인 일이다.[201]

## 2) 반증

사실 성만찬설이나, 도덕감화설은 큰 의미가 없다. 왜냐하면 요즘 교인들이 그런 순진한 말들로 미혹되는 사람은 거의 없다. 그러나 정명석의 비유설은 실제 큰 위협이 된다.

### (1) 떡은 말씀인가?

말씀을 떡이라고 비유할 수 있다고 해서, 역시 아무 떡이나 말씀이라고 일반화할 수 없다. 떡을 정명석의 말처럼 비유로 하신 말씀이 있고, 실제 떡을 기록한 것도 있다. 실제 떡 먹은 것을 가지고, 말씀들은 사건이라며 비유로 풀면 안 된다. 이와 같은 해석은 예수님의 육신을 부정하고 영의 존재만 인정하는 영지주의의 '가현설'(假現說, Docetism)[202]과 같은 것으로, 소위 탈(脫)역사적 혹은 초(超)역사적 함정에 빠진 것이다.[203] 떡을 비유로 풀면, 성경의 역사성은 사라지고

---

201) 정명석, 『비유론』, 44.

202) http://100.daum.net/encyclopedia/view/b01g0762a ('······인 듯하다'라는 뜻의 그리스어 dokein에서 나온 말). 그리스도가 이 땅에 있을 때 유령 같은 존재였을 뿐 실제로 육체를 갖고 있지 않았다고 주장하는 초기 그리스도교의 한 이단 종파의 이론.

203) 심상법, 『성경해석학 서론』, 116-117.

영적인 의미만 남는다. 결국 예수님의 역사성을 부정하게 되는 것은 영지주의의 가현설이나 정명석의 비유론이나 마찬가지이다. 성경의 역사성을 부정하면 우리의 믿음은 신기루가 되고 만다. 떡은 말씀인 가? 실제 떡인가? 아니면 다른 의미인가? 떡도 문맥에 따라 해석해야 한다.

① 천사를 대접하는 아브라함의 떡

아브라함이 떡으로 천사를 대접하였다. 무슨 떡인가? 말(Lip service)만 하고 끝났는가? 아니면 실제 떡인가? 아브라함은 실제 떡을 대접한 것이 분명하다.

> 내가 떡을 조금 가져오리니 당신들의 마음을 상쾌하게 하신 후에 지나가소서 당신들이 종에게 오셨음이니이다 그들이 이르되 네 말대로 그리하라 아브라함이 급히 장막으로 가서 사라에게 이르되 속히 고운 가루 세 스아를 가져다가 반죽하여 떡을 만들라 하고 아브라함이 또 가축 떼 있는 곳으로 달려가서 기름지고 좋은 송아지를 잡아 하인에게 주니 그가 급히 요리한지라 아브라함이 엉긴 젖과 우유와 하인이 요리한 송아지를 가져다가 그들 앞에 차려 놓고 나무 아래에 모셔 서매 그들이 먹으니라(창18:5~8)

② 떡 굽는 관원장의 떡

요셉이 감옥에 있을 때 애굽 왕 바로의 떡 굽는 관원장이 있었다. 그가 꿈속에서 떡 광주리를 보았다. 그가 본 떡은 무엇을 의미하는가? 여기서는 실제 떡도 아니고 말씀도 아니라, 떡 관원장의 육신을 의미하는 것이었다. 여기서 떡은 육신이다.

> 떡 굽는 관원장이 그 해석이 좋은 것을 보고 요셉에게 이르되 나도 꿈에 보니 흰 떡 세 광주리가 내 머리에 있고 맨 윗 광주리에 바로를 위하여 만든 각종 구운 음식이 있는데 새들이 내 머리의 광주리에서 그것을 먹더라 요셉이 대답하여 이르되 그 해석은 이러하니 세 광주리는 사흘이라 지금부터 사흘 안에 바로가 당신의 머리를 들고 당신을 나무에 달리니 새들이 당신의 고기를 뜯어 먹으리이다 하더니(창 40:16~19)

③ 시편 53편 4절의 떡
시편 53편 4절에서는 백성을 떡이라고 했다. 떡은 백성이다.

> 죄악을 행하는 자들은 무지하냐 그들이 떡 먹듯이 내 백성을 먹으면서 하나님을 부르지 아니하는도다(시53:4)

④ 유월절과 무교절의 떡
구약의 유월절에 먹었던 떡은 무슨 떡이었는가? 실제 떡이었다.

> 첫째 달 열 나흗날에는 유월절을 칠 일 동안 명절로 지키며 누룩 없는 떡을 먹을 것이라(겔45:21)

### (2) 소년이 가지고 온 떡은?

소년이 가지고 온 떡은 실제 떡인가? 비유인가? 소년은 식사하기 위해서 그 오병이어를 가져왔다고 했으니 실제 떡임에 틀림이 없다. 예수님께서는 그 떡을 가지고 축사하신 후 떼어 주셨다고 하였다. 정명석의 주장처럼 예수님께서 소년이 가져온 떡은 옆에다 놓고 설교만 하신 것이 아니다. 소년이 가져온 떡을 가지고 축사하신 후 그 떡을 떼어 주셨다고 하였으니 오천 명을 먹인 떡도 실제 떡이다. 소년이 가져온 떡은 그날 예수님의 설교를 위한 어떤 예화나 자료가 아니라, 실제 식사용 떡이었다. 소년이 가져온 떡이 그 날 설교를 위한 예화자료였다면 그것으로 5,000명에게 설교했다고 할 수 있을 것이다. 그러나 실제 떡이었다. 예수님께서 떼어주신 떡은 소년이 가져온 그 떡이었다.

> 여기 한 아이가 있어 보리떡 다섯 개와 물고기 두 마리를 가지고 있나이다. 그러나 그것이 이 많은 사람에게 얼마나 되겠사옵나이까 (요6:9)
> 예수께서 떡을 가져 축사하신 후에 앉아 있는 자들에게 나눠 주시고 물고기도 그렇게 그들의 원대로 주시니라(요6:11)

### (3) 표적으로서의 오병이어

성경은 이 사건을 표적이라 하였다. 그냥 말씀 전하신 것을 표적이라 하지 않는다. 요한복음 6장 14절에, "그 사람들이 예수께서 행하신 이 표적을 보고 말하되 이는 참으로 세상에 오실 그 선지자라 하더라."고 하였다. 그렇다면 "표적을 본 까닭이 아니요 떡을 먹고 배부른 까닭이라"(요6:26)고 함은 무엇인가? 표적(semeia)이라는 것은 표시(sign)라는 뜻의 희랍어 세메이온(semeion)의 복수형이다. 이 단어로 표현되는 기적들은 단순하게 경이로움으로 사람들을 놀라게 할 뿐만 아니라, 그것들은 그 어떤 것을 사람들에게 '보여주었다'는 것이다.[204] 서기관과 바리새인들이 예수님께 표적을 보여 달라고 했을 때, 예수님께서는 요나의 표적 외에는 보일 표적이 없다고 대답하셨다.[205] 표적을 보인다는 것은 그 기적을 보고, 그것으로 놀라기만 하지 말고, 예수께서 그리스도이심을 믿게 하는 사건이라는 것이다. 그러므로 무리들은 오병이어 표적을 통해 예수님을 그리스도로 믿었어야 한다.

그러나 무리들은 오병이어 표적을 통해서 떡 먹는 것만 좋아했을 뿐, 그런 표적을 행하시는 예수님을 그리스도로 깨닫지를 못했던 것이다. 그래서 예수님께서 너희들이 나를 따르는 것은 표적을 본 까닭이 아니요 떡을 먹고 배부른 까닭이라고 했던 것이다. 그래서 예수님께서는 요한복음 6장 27에서 "썩을 양식을 위하여 일하지 말고 영생하도록 있는 양식을 위하여 하라"고 책망하셨던 것이다. 그러므로 오병이어 기적은 실제로 떡이었다. 오병이어 기적이 실제로 일어났고, 그 기회를 이용하여 썩지 않는 양식을 위하여서도 일하라고 말씀하신 것이다.

---

204) William Barclay, 『예수의 치유이적 해석』, 9.
205) 마12:38-39 그 때에 서기관과 바리새인 중 몇 사람이 말하되 선생님이여 우리에게 표적 보여주시기를 원하나이다. 예수께서 대답하여 이르시되 악하고 음란한 세대가 표적을 구하나 선지자 요나의 표적 밖에는 보일 표적이 없느니라.

그것은 예수님께서 사탄에게 시험받으실 때 답변하신 것과 일맥상통하는 말씀이다. "사람이 떡으로만 살 것이 아니요 하나님의 입으로부터 나오는 모든 말씀으로 살 것이라"(마4:4). 예수님의 말씀은 영의 떡이므로 떡으로 비유할 수 있다. 그러나 말씀을 떡이라고 비유할 수 있다고 하여 오병이어 기적까지 말씀으로 풀면 성경을 불신하는 것이다.

성경 전체를 비유로 보면, 성경은 온갖 거짓말투성이고, 아편과 같은 책이 되고 만다. 그 날 예수님께서 설교만 하시고 끝나셨다면 복음서에 이와 같이 대서특필할 리가 없다. 그날 실제 오병이어로 5,000명을 충분히 먹이고도 12광주리나 남는 기적이 일어났던 것이다.

### (4) 엠마오 도상의 제자들과 떡

엠마오로 낙향하던 제자들에게 예수께서 떡을 떼어주시자 그인 줄 알아보았다는 것은 무엇인가? 여기서 정명석은 사람이 무슨 떡을 먹어야 눈이 밝아져 예수님을 알아보게 되겠느냐고 반문하고, 그 떡은 다름 아닌 말씀의 떡이라고 풀었다. 그럴싸한 이야기임에는 틀림없다. 제자들이 엠마오로 내려갈 때 예수님께서 떼신 떡은 과연 무슨 떡인가? 부활하신 예수님께서 그들과 동행하시나 그들은 눈이 가리어져서 그인 줄 알아보지 못했다. 예수님께서 "모세와 모든 선지자들의 글로 시작하여 모든 성경에 쓴 바 자기에 관한 것을 자세히 설명하시니라(눅24:27)"고 했다. 이것은 말씀의 떡이라고 할 수 있다. 그러나 그 때까지도 그들은 말씀의 떡을 먹었지만 예수님인 줄 깨닫지 못했다. 다만 그들은 "길에서 우리에게 말씀하시고 우리에게 성경을 풀어

주실 때에 우리 속에서 마음이 뜨겁지 아니하더냐?"(눅24:32)고 말할 뿐이다. 예수님께서 말씀하실 때 그들은 마음이 뜨거워지는 경험은 했지만 예수님인 줄은 아직 깨닫지 못한 상태였다. 깨달은 사건은 해질 무렵이 되어 그들이 강권하여 예수님을 집으로 모시고 들어갔을 때 발생했다.

> 그들이 강권하여 이르되 우리와 함께 유하사이다 때가 저물어가고 날이 이미 기울었나이다 하니 이에 그들과 함께 유하러 들어가시니라 그들과 함께 음식 잡수실 때에 떡을 가지사 축사하시고 떼어 그들에게 주시니 그들의 눈이 밝아져 그인 줄 알아보더니 예수는 그들에게 보이지 아니하시는지라 그들이 서로 말하되 길에서 우리에게 말씀하시고 우리에게 성경을 풀어 주실 때에 우리 속에서 마음이 뜨겁지 아니하더냐 하고(눅24:29~32)

말씀을 풀어주실 때는 엠마오로 가는 도상(途上)이었고, 떡을 떼던 곳은 유(留)하러 들어간 집이었다. 도상에서는 말씀을 풀어주셨다고 했고, 집안에서는 떡을 떼어 그들에게 주셨다고 했다. 그러므로 길에서 성경을 풀어주던 일과, 집에서 떡을 떼던 일은 시간적으로나 공간적으로 다른 사건이다. 도상에서 말씀을 풀어주실 때는 마음이 뜨거워졌다면, 집에서 떡을 뗄 때 비로소 눈이 밝아져서 예수님을 알아보았다. 예수님께서 도상에서 말씀을 풀어주시던 것과 집에서 떡을 들어 축사하시던 것은 다른 사건이다. 눈이 밝아져서 예수님인 줄 알아보았다고 했을 때의 떡은 집에서 떡을 떼어 축사하실 때의 떡이었다.

도상에서는 말씀을 풀어주신 것이고, 집에서는 실제 떡을 먹은 것이다. 제자들은 집에서 떡을 먹을 때 눈이 밝아졌던 것이다.

### (5) 요한복음의 기록 스타일

사도 요한은 요한복음을 기록할 때 실제 역사적 사건을 먼저 거론한 후 그것에 대한 영적인 의미를 부여하는 스타일을 보이고 있다. 다음과 같은 예를 들 수 있다.

### ① 우물가의 여인과의 대화

요한복음 4장 7절에서 예수께서 여인에게 '내게 물을 달라'고 하셨다. 이때의 물은 실제 물이었다. 그러자 여자가 "유대인으로써 어찌하여 사마리아 여자인 나에게 물을 달라 하나이까(요4:9)" 질문한다. 예수께서는 "내가 주는 물을 마시는 자는 영원히 목마르지 아니하리니(요4:14)"라고 대답하셨다. 이 나중의 물은 영적인 물, 즉 생명수 되는 말씀을 의미하였다. 예수님께서는 실제의 우물물을 통해서 영적인 물을 깨닫게 하셨다.

### ② 날 때부터 육적 맹인과 바리새인들의 영적 맹인

요한복음 9장에서 예수께서 날 때부터 맹인을 고치시자, 바리새인들은 하나님께 영광 돌리기커녕 그 사실을 불신한다. 예수께서 "보지 못하는 자들은 보게 하고, 보는 자들은 맹인이 되게 하려 함이라"고 하셨다. 그러자 바리새인들이 "우리도 맹인인가?(요9:40)"라고 묻는다. 예수께서는 "너희가 맹인이 되었더라면 죄가 없으려니와 본다고 하니 너희 죄가 그대로 있느니라(요9:41)"고 하셨다. 예수님께서는 육적 맹인을 고치시면서 이와 같이 영적 맹인들도 있다는 것을 말씀하셨다. 사도 요한은 예수께서 실제 맹인을 고치신 표적을 기화로 하여, 그와 같이 영적 맹인들도 고침 받으라는 말씀을 하고 있는 것이다. 사도 요한은 육적 맹인을 통해 영적 맹인도 있다는 것을 더불어 말하고 싶었다. 정리하면, 어느 날 예수님께서 맹인의 눈을 뜨게 한 사건이 있었다. 사도요한은 그것을 기회로 삼아, 영적인 맹인들에게도 예수님 믿고 눈 뜨라고 설교하는 것이다. 그와 같이 사도 요한은, 예수님께서 떡 다섯 개로 오천 명을 실제로 먹인 사건이 발생한 후, 그와 더불어 예수님의 말씀이야 말로 생명의 떡이라고 알려주기 위해 기록하였다.

③ 나사로의 죽음과 부활을 통해서.

마르다와 마리아의 오빠가 죽었다가 죽은 지 나흘 만에 예수님께서 살리셨다. 그 사건은 사람들로 하여금 예수님을 그리스도라고 믿게 하였다. 예수님은 마르다에게 "나는 부활이요 생명이니 나를 믿는 자는 죽어도 살겠고, 무릇 살아서 믿는 자는 영원히 죽지 아니하리니(요11:25-26)"라고 말씀하셨다. 나사로를 살리신 사건이 있었고, 그와 같이 예수님을 믿으면 영원히 죽지 아니하리라 함을 말씀하셨다. 나사로는 실제로 죽었다가 살아났다. 육은 죽고, 영적으로만 산 것이 아니다. 요한은 나사로의 부활한 실화를 통하여 예수님을 믿는 것이 그와 같이 영원한 부활이라는 것을 설교하고 있는 것이다. 실제 육적 부활사건을 통해서 영적 부활의 의미를 도출하였던 것이다.

④ 오병이어와 생명의 떡

마찬가지로, 요한복음 6장의 오병이어 표적도 위에서 열거한 것과 똑 같은 전개방식이었다. 요한은 오병이어 기적을 통해서 사람들이 떡 먹는 것으로 그치지 않고, 이 사건을 통해 '예수님이야말로 생명의 떡이다(요6:51), 그의 살은 참된 양식이요, 그의 피는 참된 음료다(요6;55)'고 증거하고 있는 것이다. 즉 떡만 먹고 좋아하지 말고, 참된 양식인 예수님을 믿고 영생을 얻으라고 말씀하는 것이다. 그런데 그런 오병이어 기적을 비유라고 한다면, 나사로가 죽었다가 살아난 것도 비유이고, 날 때부터 맹인이 눈 뜬 것도 비유이다. 성경을 그런 식으로 읽게 되면 예수께서 물 위를 걸으신 것도 비유이고, 무덤에서 깨어난 것도 비유이다. 이것이야 말로 예수님의 육신을 영이라고 주장했던 초대교회 시대의 이단이었던 영지주의 가현설과 무엇이 다른가? 가현설이나 비유설은 기독교의 역사성을 부정하는 아주 흉악한 이단이다. 오병이어의 표적은 실제 기적이었다. 오병이어 표적은 예수님께서 그리스도임을 보여주는 것이고, 우리는 그로 인해 예수님은 생명의 떡이라는 것을 깨닫고 영생을 얻게 되는 것이다.

(6) 엘리사와 보리 떡 이십 개

구약의 엘리사 선지자도 보리떡 이십 개로 일백 명을 먹였다. 열왕기하 4장 42~44절에 엘리사 선지자가 보리떡 이십 개로 일백 명을 먹인 기적이 나온다. 비유가 아니라 실제 역사를 기록한 것이 분명하다. 선지자 엘리사가 보리떡 20개로 일백 명을 먹이고 남겼다면, 하나님의 아들이신 예수님께서 오병이어 기적을 못하실 리가 없다. 엘리사의 보리 떡 이십 개로 일백 명을 먹인 기적은 예수님의 오병이어 기적에 대한 예표였다.

> 한 사람이 바알 살리사에서부터 와서 처음 만든 떡 곧 보리떡 이십 개와 또 자루에 담은 채소를 하나님의 사람에게 드린지라 그가 이르되 무리에게 주어 먹게 하라 그 사환이 이르되 내가 어찌 이것을 백 명에게 주겠나이까 하나 엘리사는 또 이르되 무리에게 주어 먹게 하라 여호와의 말씀이 그들이 먹고 남으리라 하셨느니라 그가 그들 앞에 주었더니 여호와께서 말씀하신 대로 먹고 남았더라(왕하 4:42~44)

## (7) 칠병이어의 기적

> 예수께서 제자들을 불러 이르시되 내가 무리를 불쌍히 여기노라 그들이 나와 함께 있은지 이미 사흘이매 먹을 것이 없도다 길에서 기진할까 하여 굶겨 보내지 못하겠노라 제자들이 이르되 광야에 있어 우리가 어디서 이런 무리가 배부를 만큼 떡을 얻으리이까 예수께서 이르시되 너희에게 떡이 몇 개나 있느냐 이르되 일곱 개와 작은 생선 두어 마리가 있나이다 하거늘 예수께서 무리에게 명하사 땅에 앉게 하시고 떡 일곱 개와 그 생선을 가지사 축사하시고 떼어 제자들에게 주시니 제자들이 무리에게 주매 다 배불리 먹고 남은 조각을 일곱 광주리에 차게 거두었으며 먹은 자는 여자와 어린이 외에 사천 명이었더라(마15:32~38)

예수님은 오병이어의 기적만 행하신 것이 아니다. 떡 일곱 개와 물고기 두어 마리(a few small fish)로 사천 명을 먹이신 기적도 행하셨다(마15:32~38; 막8:1~10). 정명석은 이것도 말씀의 떡이라고 해석한다. 예수님께서는 그들이 며칠 동안 예수님과 같이 있었지만 말씀의 충만한 잔치를 벌일 수 없어 먹지 못하였음으로 "이들이 그냥 갈까 두렵구나 사람들이 말씀을 충만하게 들었다면 그냥 돌아가지 않을텐데…" 이런 뜻으로 말씀하셨다는 것이다.[206]

"그들이 나와 함께 있은 지 사흘이매 먹을 것이 없도다 길에서 기진할까 하여 굶겨 보내지 못하겠노라"(마15:32). 과연 이 구절이 사흘 동안 말씀 듣지 못하고 돌아가다가 시험들 것을 염려한 것인가? 예수님께서 광야에서 사흘 동안 말씀을 안 전하셨을까? 오히려 식사할 겨를도 없이 말씀을 전하셨을 것이다(막3:20, 막6:31). 당연히 무리들도 예수님과 함께 있은 지 사흘이매 말씀 듣느라 제대로 밥도 못먹었을 것이다. 사흘 동안 말씀 듣느라 배고파 기진한 사람들에게 '굶겨 보내지 않겠다'고 하신 것이, 또 말씀만 전하고 돌려보내시겠다는 뜻이겠는가? 정명석은 '떡은 말씀이다'는 자기가 쳐놓은 비유의 덫에 걸려 칠병이어 기적도 단순 현상으로 평가절하 해버렸다. 성경에 명백히 기록된 기적을 부인하는 것은 예수님의 신성을 부인하는 것이다. 이와 같이 이단들은 말로는 예수님 믿는다고 하면서 실제로는 예수님을 부인한다.

---

206) 정명석, 『비유론』, 안구현 편 . 141.

# Ⅶ. 타락에 관한 JMS(정명석)비유론

1. 갈빗대
    ○ JMS(정명석)의 주장
        (1) 칼슘성분 함유량의 동일
        (2) 개체수의 많음
        (3) 생김새의 유사성

2. 생명나무와 선악과, 그리고 뱀
    ○ JMS(정명석)의 주장
        (1) 생명나무
        (2) 선악과
        (3) 그렇다면 선악과는 무슨 과일일까?
        (4) 뱀의 정체
        (5) 타락론의 인봉을 떼다
        (6) 결론

# Ⅶ. 타락에 관한 JMS(정명석)의 비유론

정명석의 타락론은 JMS 교리의 핵심이다. 정명석은 생명나무를 아담, 선악나무를 하와라고 풀었다. 그리고 선악과를 하와의 성기라고 풀었다. 선악과를 따먹었다는 것은 아담과 하와가 성교를 했다는 것이다. 이와 같이 정명석의 타락론은 통일교의 타락론과 같다. 그러나 타락론 가운데 갈빗대 비유론 만큼은 독특하다. 우선 갈빗대 비유부터 살펴보자.

## 1. 갈빗대

*여호와 하나님이 아담을 깊이 잠들게 하시니 잠들매 그가 그 갈빗 대 하나를 취하고 살로 대신 채우시고 여호와 하나님이 아담에게서 취하신 그 갈빗대로 여자를 만드시고 그를 아담에게로 이끌어 오시 니(창2:21~22)*

### 1) 정명석 주장

성경은 하나님께서 아담의 갈빗대로 하와를 만들었다고 기록하고 있다(창2:21). 그러나 그 갈빗대를 문자적으로 보면 안 되고 비유와 상징으로 봐야 한다.[207] 모든 것은 원인과 결과가 있다. 결과 세계를

---

207) 정명석, 『비유론』, 87.

보면 원인 세계를 알 수 있는데, 오늘날 사람들이 어떻게 사람들을 만드는가 보라. 수억 마리 정자 중에 정자 하나가 여자의 난자에 착상함으로써 수태되어 생명이 시작되고 있지 않은가? 하나님께서 정자 하나를 갈빗대 하나로 비유한 것이 틀림없다.[208] 어찌하여 하나님은 정자를 갈빗대라고 비유했는가?

### (1) 칼슘 성분 함유량의 동일

남성의 정자는 95%가 칼슘 성분이고, 칼슘은 뼈의 주성분인고로 정자를 갈빗대로 비유한 것이다.[209]

### (2) 개체수의 많음

정자의 숫자가 수 억 마리 되듯이, 갈비뼈도 사람의 뼈 중에 숫자가 가장 많다.[210]

### (3) 생김새의 유사성

정자의 모양과 갈빗대의 모양이 비슷하다.[211] 그래서 상기 이유들로 인해 정자를 갈빗대로 비유했다는 것이다. 지금도 사람들은 정자에 의해서 만들어지고 있다. 갈빗대란 문자 그대로 갈비뼈가 아니라 정자를 의미한다.

---

208) 정명석, 『비유론』, 87.
209) 정명석, 『비유론』, 87.
210) 세계청년대학생MS연맹, 『고급편』, 141.
211) 세계청년대학생MS연맹, 『고급편』, 141.

## 2) 반증(反證)

### (1) 칼슘 성분의 오류

정자는 칼슘 95%로 되어있지 않다. 정자의 구성 물질은 핵 + 세포 + 미토콘드리아 + 선모로 구성되어 있으며 수분 70%, 단백질 18%로 칼슘은 거의 없다.[212] 뼈에도 칼슘이 그렇게 많이 들어있지 않다. 뼈는 35%의 유기질(경단백질 콜라겐)과 45%의 무기질(칼슘, 인, 마그네슘, 수산, 탄산, 불소이온), 그리고 20%의 물로 되어 있다.[213] 유기질(35%)과 물(20%)을 빼고, 칼슘은 나머지 무기질(45%)의 일부에 지나지 않는다.

그러므로 정자도 칼슘 95%, 갈비뼈도 대부분이 칼슘이라는 정명석의 설명은 완전 거짓말이다. 주변 설명부터 이와 같이 틀렸으니 그의 핵심주장도 의심하지 않을 수 없다. 이에 대하여 JMS측 사람들은, '갈빗대에 칼슘이 없더라도 갈빗대는 정자 맞습니다'고 말하고 싶을 것이다. 그러나 주변 설명이 틀리더라도 핵심 진리는 맞을 거라고 주장하는 것은 억지이다.

왜냐하면 정명석은 자기의 성경해석은 예수님이 친히 가르쳐 준 것이고,[214] 그리고 지금도 수시로 하나님으로부터 직통 계시 받고 있다고 말하기 때문에 부분 설명도 틀려서는 안 된다.

212) http://www.scienceall.com/%ec%a0%95%ec%9e%90sperm-spermatozoon/
213) http://cafe.daum.net/giciuwomen/Lz72/53?q=%BB%C0%C0%C7%20%BC%BA%BA%D0
214) 정명석, 『섭리세계』 안구현 편 (서울: 세계MS연맹, 1993), 9.

### (2) 갈빗대가 아담의 정자인가?

정명석의 말대로 갈빗대가 아담의 정자를 의미한 것이라면, 하와는 아담의 딸이다. 하와가 아담의 딸인가? 아내인가? 성경은 하와를 아담의 아내라고 하였다(창2:25). 그러므로 갈빗대는 아담의 정자가 명백히 아니다. 그러므로 갈빗대는 그냥 갈빗대이다. 정명석은 또한 '하와가 아담의 딸이냐?'라는 질문을 피하기 위해, 갈빗대는 아담의 것이 아니라 하와 아버지의 것이었다고 변명한다. 그렇다면 아담을 잠들게 했다고 했는데, 그 잠든 아담이 '하와의 아버지다'라고 말하는 꼴이다. 첫 사람 아담도 아담이고, 하와의 아버지도 아담이라는 말인가? 그것은 '이중 아담론'으로서 성경의 기록에서 명백히 벗어난다.

### (3) 난자는 누구의 것인가?

갈빗대가 아담의 정자라면 하와를 만든 난자도 있어야할 것 아닌가? 하와의 엄마가 따로 있어야 한다. 그렇다면 아담을 낳은 아담의 부모가 있어야 하고, 하와를 낳은 하와의 부모도 따로 있어야 한다. 그 양가의 부모들은 또 누구의 자식들이란 말인가? 이와 같이 성경의 진리를 떠나서 억지로 풀다보면, 성경과 달리 자의적으로 해석하게 된다. 결국 정명석은 아담과 하와는 인류의 조상이 아니라 종교의 조상일 뿐이라고 주장하게 된다.[215] 이렇게 되면 하나님께서 흙으로 아담을 창조하셨다는 말도 공허한 신화가 돼 버리고, 결국 성경을 부인하는 것이다. 정명석은 성경을 2,000번 이상 읽었고, 성경을 통달했다고 하면서, 결국은 성경을 불신하고 있지 않은가? 이방 사람들은

---

215) 세계청년대학생MS연맹, 『고급편』, 303-304.

성경을 아예 처음부터 불신한다면, 이단들은 비유풀이 한다거나 영적으로 풀어야 한다고 하면서, 결국 성경을 불신하는 것이다. 또 이단들은 성경을 자기 멋대로 해석하고, 거기서 발생하는 허점에 대해서는 지어낸 말들로 메꿔 나간다(벧후2:3). 성경에도 없는 것을 보태거나 빼면서 자기가 특별계시 받았다고 주장하는 것이 바로 이단이다. 그래서 바울은 "기록된 말씀 밖으로 넘어가지 말라"(Do not go beyond what is written)"(고전4:6)고 경고하였다. 하와는 누구의 난자로 만들지 않고 아담의 갈빗대로 만들었다. 그래서 아담은 창세기 2장 23절에서 "이는 내 뼈 중의 뼈요 살 중의 살이라 이것을 남자에게서 취하였은즉 여자라 부르리라"고 했던 것이다. 하나님은 뼈로 사람 만드실 수 있다.

### (4) 갈빗대로 만들었다면?

아담의 갈빗대로 하와를 만들었다면, 남자들은 갈빗대가 하나씩 부족해야 하는데 그렇지 않다. 이 말은 아담의 갈빗대로 하와를 만들었다면 아담의 후예(後裔)인 남자들도 갈빗대 하나씩 부족해야 하는 것 아닌가 하고 묻는 것이다. 아담의 갈빗대를 하나 뽑았다고 해서 그 자식도 갈빗대가 없는 것은 아니다. 왜냐하면 아버지가 발이 잘렸다고 해서 그 자식까지 다리가 잘려서 태어나는 것은 아니다. 후천성은 유전되지 않는다.

### (5) 갈빗대로 사람을 만들 수 있는가?

정명석은 '갈빗대로 어찌 사람을 만들 수 있겠느냐?'는 것이다. 그러나 왜 못 만들 것이라고 생각하는가? 그렇다면 흙으로 사람 만든 것은 믿는가? 말씀으로 천지창조하신 것은 믿는가? 하나님도 쉬운 것은 하고, 어려운 것은 못 하시는가? 정명석은 하나님도 법칙 벗어난 것은 못한다고 주장하니, 예수님의 처녀 탄생도 육신부활도 불신케 되는 것이다. 결국 이단들은 이방 사람들처럼 불신앙으로 이어진다.

세례요한은 "하나님이 능히 이 돌들로도 아브라함의 자손이 되게 하시리라"(마3:9)고 하였다. 가브리엘천사는 처녀 마리아에게 수태 고지를 하며 "대저 하나님의 모든 말씀은 능하지 못하심이 없느니라 (For nothing is impossible with God)."(눅1:37)고 하였다.

하나님은 하실 수 있다. 아담과 하와를 창조하실 때는 성경기록대로 아담은 흙으로, 하와는 갈빗대로 만든 것이다. 사람들도 복제인간을 만든다고 도전하고 있는 실정이다. 항차 하나님이시랴!

### (6) 갈빗대 대신 채워 넣은 살은 무엇인가?

하나님께서는 갈빗대로 하와를 만드시고, 살로 대신 채워 넣으셨다고 하셨다.[216] 갈빗대가 정자라면 살은 난자인가? 살이 난자라면, 정자를 빼낸 자리에 난자로 채우셨다는 말인가? 첫 단추가 잘못 꿰어지면 그 뒤로 계속 잘못 꿰어진다. 의학적으로 정자가 배출되면 정자로 채워지는 것이 상식이다. 갈빗대가 정자라면, 하나님께서 갈빗대를 취한 다음에 또 다른 갈비대로 채워 넣었다고 말씀하셨어야 한다. 그러나 갈빗대 빼낸 자리에 살로 대신 채워 넣으셨다고 하셨다. 갈빗대

---

216) 창2:21 여호와 하나님이 아담을 깊이 잠들게 하시니 잠들매 그가 그 갈빗대 하나를 취하고 살로 대신 채우시고

는 갈빗대고 살은 살이다.

### (7) 아담과 하와가 두 살 차이라면?

정명석은 아담이 16세 때, 하와가 14세 때 성교하여 타락했다고 했다.[217] 그렇다면 아담과 하와는 두 살 차이다. 아담의 갈빗대가 아담의 정자라면 아담이 2살 때 하와를 만들었어야 한다. 과연 남자 아기가 두 살 때 정자를 생성할 수 있는가? 그게 말이 되는가? 여기서 갑자기 하나님은 전지전능해서 못할 것이 없다고 둘러댈 것인가? 그렇다면 왜 갈빗대로 창조하심을 부인하는가? 말이 안 된다. 아담과 하와는 여섯째 날 같은 날에 창조되었다(창1:31) 아담과 하와가 두 살 차이라는 말은 성경에 없다.

결론적으로, 정명석은 '성경을 풀 때 의학적으로나 과학적으로 동시에 풀어져야 한다'[218]고 주장한다. 그러나 남자의 정자는 칼슘으로 구성되어 있지 않다. 게다가 아담의 정자로 하와를 만들었다면 하와는 딸이 되어야 한다. 정자로 풀다보니 아담의 부모가 나와야 하고, 하와의 부모도 나와야 한다. 그것은 아담과 하와가 인류의 조상이라는 것을 부인하는 것이다. 이것도 성경에 위반된다. 그러므로 갈빗대 교리는 틀렸다. 그렇게 억지로 풀어봤자 푸는 대로 더 틀린다. 성경을 비유로 풀어야 한다고 말하는 것은 스스로 지혜로워 보여도 결국 우둔하게 되어 하나님을 불신하게 될 뿐이다. 성경의 기록을 믿는 것이, 하나님과 예수님을 믿는 것이다.

217) 세계청년대학생MS연맹, 『고급편』, 150.
218) 정명석, 『비유론』, 87.

## 2. 생명나무와 선악과, 그리고 뱀

### 1) 정명석의 주장

#### (1) 생명나무

창세기에서부터 계시록까지 사람을 두고 나무로 비유한 것이 수백 군데나 나온다. 예수님은 후(後)아담이라고 했다(고전15:45). 그런데 예수님은 생명나무라고 칭하였다(계22:14). 후 아담인 예수님을 생명나무라 했으니 전 아담인 에덴동산의 아담도 생명나무여야 이치가 맞다.[219] 아담을 생명나무로 비유했기 때문에 아담 앞에 아담을 위해 지음을 받은 하와도 나무로 비유하였음을 알 수 있다. 에덴동산의 생명나무는 아담이요, 그 옆에 세워진 선악나무는 하와를 비유한 것이다.[220] 그리고 아담이 생명나무이므로 이 시대의 섭리사의 주인도 생명나무이다.[221] 이치(理致)로 볼 때, 생명나무를 축소하면 남자의 성기도 생명나무가 된다.[222]

> 지혜는 그 얻은 자에게 생명나무라 지혜를 가진 자는 복되도다(잠 3:18)
>
> 의인의 열매는 생명나무라 지혜로운 자는 사람을 얻느니라(잠 11:30)

219) 기독교복음선교회, 『실제보는 강의안』, 184.
220) 기독교복음선교회, 『실제보는 강의안』, 184.
221) 세계청년대학생MS연맹, 『고급편』, 136.
222) 세계청년대학생MS연맹, 『고급편』, 139.

온순한 혀는 곧 생명나무이지만 패역한 혀는 마음을 상하게 하느
니라(잠15:4)

자기 두루마기를 빠는 자들은 복이 있으니 이는 그들이 생명나무
에 나아가며 문들을 통하여 성에 들어갈 권세를 받으려 함이라(계
22:14)

## (2) 선악과[223]

흔히 사람들은 이 선악과를 문자 그대로 과일로 보고 성경을 푼다.
그러나 문자대로 푼다면 여러 가지 모순이 생기고 의문이 생기게 된다.

[의문 1] 따먹으면 죽는다고 하나님께서 말씀하셨는데(창2:17), 아
담과 하와는 따먹고도 육신이 죽지 않았다. 왜 안 죽었을
까? 그 후에도 930세나 살았다. 또 에덴동산에 있었던 그
선악과는 지금도 있어야 한다. 옛적에 있던 것이 지금도 있
고 지금 있는 것은 옛적에도 있어야 한다(전1:9, 3:15).

[의문 2] 문자대로 과일이라면 세상에 누구든지 입으로 먹었을 것
인데, 입으로 따먹었다면 왜 입을 가리지 않고 하체를 가렸
을까?

이에 그들의 눈이 밝아져 자기들이 벗은 줄 알고 무화과나무 잎을
엮어 치마로 삼았더라(창3:7)

---

223) 기독교복음선교회, 『실제보는 강의안』, 186-187.

[의문 3]아담과 하와가 선악과를 따먹은 후에 임신이 되었다고 했
　　　는데, 세상의 과일 중에 따먹고 임신되는 과일이 있단 말인
　　　가?

또 여자에게 이르시되 내가 네게 임신하는 고통을 크게 더하리니
네가 수고하고 자식을 낳을 것이며 너는 남편을 원하고 남편은 너를
다스릴 것이니라 하시고(창3:16)

(3) 그렇다면 선악과는 무슨 과일일까?

선악과는 성적지체이다. '선악과를 따먹었다'는 말은 사랑의 과일
을 따먹었다는 말이다.[224] 하나님께서는 아담과 하와가 성장하면 번
성해야 하므로 서로 따먹고 취하게 하려고 했다.[225] 그러나 아담과 하
와는 성장 전에, 하나님의 정하신 때가 되기 전에, 이성 관계를 한 것
이다.[226] 그것이 타락이다.

(4) 뱀의 정체

정명석은 뱀의 정체를 범죄한 천사 루시퍼로서 곧 '사탄'이라고 했
다.[227] 그러나 정명석은 사탄을 설명하면서 전반기와 후반기의 설명

224)　기독교복음선교회, 『실제보는 강의안』, 188-189.
225)　기독교복음선교회, 『실제보는 강의안』, 188.
226)　기독교복음선교회, 『실제보는 강의안』, 188.
227)　기독교복음선교회, 『실제보는 강의안』, 190; 세계청년대학생MS연맹, 『고급편』,
　　　155.

이 다르다.[228) 그래서 뱀에 대한 전반기 해석과 후반기 해석을 다음과 같이 각각 소개하고 반증한다.

① 정명석의 전반기 해석

㉮ 뱀은 에덴동산에서 아담과 하와를 경호하라고 사명 받은 경호 천사장 루시엘이었으나 범죄하여 사탄 루시퍼가 되었다.[229) 고로 사탄의 기원은 에덴동산 때부터이다.[230)

㉯ 천사장이 타락할 때 죄명은 간음(음란)죄였다.[231)

> 또 자기 지위를 지키지 아니하고 자기 처소를 떠난 천사들을 큰 날의 심판까지 영원한 결박으로 흑암에 가두셨으며 소돔과 고모라와 그 이웃 도시들도 그들과 같은 행동으로 음란하며 다른 육체를 따라 가다가 영원한 불의형벌을 받음으로 거울이 되었느니라(유1:6~7)

㉰ 천사장이 누구와 간음했는가? 경호천사 루시퍼는 남자였다. 그래서 하와와 성적(정신적)으로 간음하였다.[232)

㉱ 루시퍼는 영이므로 유형(有形)을 통해서 실제적인 타락을 일으

---

228) 전반기는 1978년부터 1999년까지이고, 후반기는 2002년부터 2023년까지를 말한다. 원래 1999년부터 2002년까지 3년 반을 무덤기간이라고 했으나, 그 무덤기간도 나중에는 1999년부터 2012년까지로 수정하였다. 왜냐하면 그의 부활예언과 현실 사이에 10년의 괴리가 발생했기 때문이다.

229) 세계청년대학생MS연맹, 『고급편』, 155-156.

230) 세계청년대학생MS연맹, 『고급편』, 172.

231) 세계청년대학생MS연맹, 『고급편』, 156.

232) 세계청년대학생MS연맹, 『고급편』, 156.

켰다. 천사를 근본으로 표현한다면, 하늘의 무형(無形)의 천사로 보지 말고 인(人) 사탄, 즉 그 시대 섭리권 밖의 존재로 보아야 한다.[233] 한 마디로 아담 외의 다른 남자와 성교를 한 것이다.

㉤ 하와가 선악과를 두 개 따 먹었다는 것은 두 번 성교를 했다는 의미이다.[234]

㉥ 하나님께서는 아담과 하와를 타락시킨 천사를 더 이상 천사라 부르지 않고 뱀이라 부르게 되었다.[235]

② 후반기 해석

㉮ 하나님께서 지상세계를 창조하여 사랑의 대상체인 인간을 창조하니 천사장 루시엘은 이를 싫어하고 반대했다.[236]

㉯ 이로 인하여 하나님께서는 천사장 루시엘을 세상으로 쫓아내셨고, 천사장 루시엘은 사탄 루시퍼가 되었다.[237]

㉰ 사탄 루시퍼는 아담과 하와가 하나님 사랑하며 사는 것이 시기와 질투가 났다.[238]

㉱ 그리하여 어린 하와를 성적으로 미혹하여 하와의 마음을 빼앗고, 정신적(영적)으로 타락하게 하였다.[239] 그리고 하와는 사랑의 눈이 떠져서 아담과 육적 타락을 하고 말았다.[240]

233) 세계청년대학생MS연맹, 『고급편』, 156-157.
234) 세계청년대학생MS연맹, 『고급편』, 158.
235) 세계청년대학생MS연맹, 『고급편』, 143.
236) 기독교복음선교회, 『실제 보는 강의안』, 162, 192.
237) 기독교복음선교회, 『실제 보는 강의안』, 162.
238) 기독교복음선교회, 『실제 보는 강의안』, 192.
239) 기독교복음선교회, 『실제 보는 강의안』, 192.
240) 기독교복음선교회, 『실제 보는 강의안』, 192

㉝ 루시퍼의 타락의 원인

천사장 루시엘은 하나님의 사랑을 독차지하기 위해 세상창조와 인간 창조를 반대했다.[241]

㉞ 타락의 실체

사탄은 아담과 하와를 시기 질투하였다. 사탄은 선악과를 따먹으면 하나님같이 된다고 하며 어린 하와를 꼬여 정신적, 영적인 타락을 하게 하였다. 사랑에 눈뜬 하와는 아담을 유혹하였고, 결국 아담과 하와는 에덴동산 중앙에 있는 과일을 서로 만지다가 따먹고 말았다. 동산 중앙, 곧 아담의 중앙인 성적지체와 하와의 중앙인 성적지체를 서로 만지다가 이성 타락을 한 것이다.[242]

㉟ 하나님의 심판

첫 번째로 하나님의 창조목적을 반대하며 불순종하니 지상으로 쫓아내셨고, 두 번째로 지상에서 하나님의 뜻을 막고 깨뜨리니 지옥의 세계로 2차 형벌하셨다.[243]

(5) 타락론의 인봉을 떼다.

정명석은 에덴동산 중앙에 있는 생명나무와 선악과, 이 근본의 답을 찾기까지 18년의 세월이 걸렸다고 한다. 예수님은 '성경을 잘 읽어보고 사람들이 대화하는 것을 잘 들어 보아라'고 하셨다고 한다. "내가 어떤 여자 따먹었다." 마침내 진산면 다릿골 굴에서 깨닫고 너무 기뻐서 손에 피가 나오도록 주먹으로 바윗덩어리를 쳤다. 예수님

241) 기독교복음선교회, 『실제 보는 강의안』, 191-192.
242) 기독교복음선교회, 『실제 보는 강의안』, 192.
243) 기독교복음선교회, 『실제 보는 강의안』, 194.

은 잘못 깨달았다고 하며 시험했으나, 결국 예수님으로부터 '맞다, 이
제 깨달았느냐. 메시야인 내가 아니라고 해도 네가 맞다 하며 이해시
키듯이 앞으로 네가 세상에 나가 이 복음을 전할 때 세상 그 누가 아
니라고 해도 맞다고 하며 하나하나 이해시키며 가르쳐라'고 하였다
고 한다.[244]

### (6) 결론

① 각자가 주님께 지은 사랑의 죄를 회개해야 한다.

② 사랑의 유혹에 빠지지 말아야 한다. 이성타락이 가장 큰 죄이다.
마음과 육신의 선실과(타락하기 전의 여자 성기-필자 주)를 지켜야
한다.

③ 성자의 재림을 맞아 창조 목적을 이루라고 우리를 부르셨다.

④ 이 시대 섭리동산에 하나님은 법을 주셨다. 동산 중앙에 있는 금
단의 열매를 따먹지 마라. 이 시대 섭리동산(JMS단체-필자 주)에 하
나님이 법을 다시 주셨다.

> 동산 중앙에 있는 금단의 열매는 따먹지 마라. 성장 전에는 이성
> 관계를 하지 말고, 자위행위도 하지 말고, 신부로서 깨끗하게 살아
> 라. 먼저는 하나님과 성자 주님의 진리 말씀을 배우고 행하여 구원
> 에 이르고 살아야 한다.[245]

---

244) 기독교복음선교회, 『실제 보는 강의안』, 195-197.
245) 기독교복음선교회, 『실제 보는 강의안』, 200.

## 2) 반증

선악나무와 선악과는 창세기 외에는 나오지 않는다. 그러나 생명나무는 성경 여러 군데서 계속하여 나온다. 그러므로 생명나무부터 반증을 시작한다.

### (1) 생명나무는 아담이 아니다.

아담과 하와가 선악과를 따 먹은 후 하나님께서는 아담이 생명나무의 열매도 따먹고 영생할까 하여 따 먹지 못하도록 에덴동산에서 추방시키신다.

> 여호와 하나님이 이르시되 보라 이 사람이 선악을 아는 일에 우리 중 하나 같이 되었으니 그가 그의 손을 들어 생명나무 열매도 따 먹고 영생할까 하노라 하시고 여호와 하나님이 에덴동산에서 그를 내보내어 그의 근원이 된 땅을 갈게 하시니라 이같이 하나님이 그 사람을 쫓아내시고 에덴동산 동쪽에 그룹들과 두루 도는 불 칼을 두어 생명나무의 길을 지키게 하시니라(창3:22~24)

과연 생명나무가 아담인가? 아래와 같은 이유들로 인하여 생명나무는 아담이 아니다.

① 아담이 추방될 때 생명나무도 추방되었는가?

아담이 생명나무라면, 아담이 에덴동산 밖으로 추방될 때(창3:23),

생명나무도 동시에 에덴동산 밖으로 사라졌어야 한다. 그러나 생명나무는 에덴동산 중앙에 그냥 있었고(창3:24) 아담만 추방되었다. 그러므로 아담은 아담, 생명나무는 생명나무로서 서로 다른 개체이다. 정명석의 타락론은 아담이 생명나무라는 것에서 시작한다. 그러나 생명나무가 아담이 아니기 때문에 정명석의 타락론은 처음부터 틀린 것이다.

② 하와는 왜 영생하지 못했는가?

아담과 하와가 선악과를 따먹으면 사망하고(창2:17), 생명과를 따먹으면 영생하게 되어 있었다(창3:22). 정명석은 선악과(善惡果)가 하와의 성기라고 하였다. 그렇다면 생명과(生命果)는 아담의 성기여야 한다. 선악과 따먹은 것이 남녀 성교를 의미한 것이라면, 아담이 선악과를 따먹을 때 하와는 생명과를 따 먹은 것이다. 하와는 아담과 동침하여 자녀를 계속 낳았으니, 생명과를 계속 따먹은 것이다. 그럼에도 불구하고 하와는 영생하지 못했다. 하와가 아담과 동침한 것은 생명과를 따 먹은 것이 아니었기 때문이다. 하와 역시 아담과 함께 생명나무에 접근할 수 없었기 때문에 생명과를 따먹을 수 없었다(창3:24). 그래서 영생하지 못한 것이다. 고로 아담과 생명나무는 다르다.

③ 아담은 왜 영생하지 못했는가?

아담이 생명나무라면 아담은 아담자신의 생명과를 따먹고 영생했어야 한다. 그러나 아담은 생명나무 열매를 따먹을 수 없었다. 왜냐하면 하나님께서 아담이 생명과를 따먹지 못하도록 에덴동산에서 추방하고, 생명나무로 가는 길을 그룹들(cherubim)과 불 칼로 지켰기 때문이었다

(창3:23~24). 따라서 아담과 생명나무는 서로 다른 개체이다.

④ 아담으로 하여금 생명나무에 나가지 못하도록 막았다는 것은 무엇인가?

하나님께서 아담에게 생명나무에 접근하지 못하도록 천사들 (cherubim)과 불 칼로 생명나무에 가는 길을 막았다고 했다(창3:24). 아담이 생명나무라면 아담이 아담자신에게 접근하지 못할 수가 있는가? 말이 되지 않는다. 아담은 생명나무가 아니다. 그러므로 생명나무와 아담은 서로 다른 두 개체였다. 그래서 하나님께서는 아담이 타락하자 생명나무에 접근하지 못하게 하셨던 것이다. 아담이 선악과 따먹었으니 죽어야 하는데 , 생명나무 과일까지 따 먹고 영생하면 안되기 때문이었다(창3:22).

⑤ 낙원에 있는 생명나무의 열매는? 창세기가 서론이라면 요한계시록은 결론이다. 생명나무는 창세기에만 나오는 것이 아니라 요한계시록에도 나온다. 예수님께서는 요한계시록 2장 7절에서 에베소교회의 사자에게 편지하기를 "이기는 그에게는 내가 하나님의 낙원에 있는 생명나무 열매를 주어 먹게 하리라"(계2:7)고 약속하셨다. 이기는 자에게 낙원에 있는 생명과를 주어 먹게 하신다는 말은 무엇인가? 생명과를 먹게 한다는 것이 낙원(천국)에서도 성교하도록 허락 받는다는 말인가?(계2:7). 아니다. 천국은 그런 곳이 절대 아니다. 왜냐하면 천국에서는 장가가고 시집가는 일이 없고 하늘의 천사들과 같기 때문이다(마22:30).

그렇다면 이 낙원에 있는 생명나무의 열매는 무엇인가? 아담인가? 예수님인가? 정명석인가? 여기서 생명나무는 어떤 개인이 아니다. 생명과를 먹는 것이 성교하는 것도 아니다. 정명석이 선악과를 따 먹은 것은 성교하는 것으로 풀면서, 생명나무 열매를 먹는 것은 말씀 듣는 것이라고 말한다면 논리의 비약이다.

하나님께서는 에덴동산의 아담과 하와가 선악과 따먹고 타락하자 생명나무 열매까지 따 먹고 영생할까봐 금(禁)하셨으나, 이제 예수 믿고 이긴 자들을 위해서는 낙원에서 먹을 수 있도록 허용하신다. 생명나무의 열매는 이긴 자들로 하여금 먹고 영생하게 한다(창3:22).

⑥ 생명수 강 좌우의 생명나무는?

요한계시록 22장 2절에서 "길 가운데로 흐르더라 강 좌우에 생명나무가 있어 열두 가지 열매가 맺되 달마다 그 열매를 맺고 그 나무 잎사귀들은 만국을 치료하기 위하여 있더라"고 하였다. 그렇다면 강 좌우에 심겨진 생명나무는 무엇인가? 아담이 강 좌우에 서 있다는 말인가? 예수님이 강 좌우에 서 계신다는 말인가? 생명나무의 열매가 달마다 열린다는 말은 또 무엇인가? 남자의 성기가 달마다 열린다는 말인가? 말도 안 되는 소리이다. 생명나무는 어떤 개인을 말하는 비유가 아니라, 천국의 생명수 강 좌우에 12가지 열매가 달마다 열리는 나무인 것이다.

⑦ 생명나무에 나아간다는 것은?

요한계시록 22장 14절에서 "자기 두루마기를 빠는 자들은 복이 있으니 이는 그들이 생명나무에 나아가며 문들을 통하여 성에 들어갈 권세를 받으려 함이로다."함은 무엇인가? 정명석은 여기서 생명나무는 예수님이라고 단정 짓고, 예수님을 생명나무라고 했으니 아담도 생명나무라고 주장했던 것이다. 하지만 여기서 생명나무는 그냥 생명나무라고 보는 것이 자연스럽다. 왜냐하면, 창세기 3장 24절에서 하나님께서는 아담이 타락하자 생명나무 열매를 따먹지 못하도록 생명나무에 가는 길을 천사들과 불 칼로 막으셨다. 그러나 우리가 구원 받고 천국에 가면 생명나무 가는 길을 열어 생명나무 열매를 따먹을 수 있도록 허용하시는 것이다.

정명석이 '생명나무는 예수님'이라고 연결시키는 것은 예수님을 생명나무라고 하면서, 자기도 '이 시대의 생명나무'라고 주장하기 위한 미혹일 뿐이다. 생명나무에 나아간다는 것은 그냥 생명나무에 나아가는 것이다.

⑧ 예수님이 생명나무인가?

정명석은 요한계시록 22장 14절의 생명나무를 예수님이라 하였다. 그렇다면 생명과를 먹으면 영생하게 된다는 말은 예수님과 성교를 하면 영생을 얻게 된다는 암시를 준다. 궤변 중의 궤변이다. 그런 복음은 없다. 정명석의 비유적 해석은 필연적으로 성문란으로 이어진다. 예수님을 포도나무로 비유할 수 있다고 하더라도(요15:5), 포도나무가 예수님은 아니다. 그와 같이 예수님을 생명나무로 혹시 비유할 수 있어도, '생명나무는 예수님이다'라고 말한다면 틀린다. 요한계시록 22장 14절의 생명나무는 실제 생명나무로 봐야 옳다. 창세기 3

장 24절에서 타락한 아담은 생명나무 열매를 따먹고 영생하면 안 되었기 때문에 생명나무에 접근하는 것이 금지되었지만, 구원받고 천국에 간 사람들은 따먹고 영생해도 괜찮기 때문에 생명나무의 접근을 허용하신 것이다. 그러므로 요한계시록 22장 14절의 생명나무는 예수님이 아니다. 창세기의 생명나무도 아담이 아니다.

⑨ 생명나무에서 선악나무가 나오는가?

생명나무가 아담이고 선악나무가 하와라면, 그리고 아담의 갈빗대로 하와가 나왔다면, 생명나무에서 선악나무가 나올 수 있는가? 사과나무에서 감나무가 나올 수 없듯이, 생명나무에서 선악나무가 나올 수 없다. 아담을 생명나무라고 한다면 그리고 하와가 아담의 갈빗대로 나왔다면 생명나무만 두 그루 서 있어야 한다. 그러므로 정명석의 이론은 틀렸다.

⑩ 창조된 날이 다르다.

아담과 하와가 창조되기 전에 이미 생명나무와 선악나무가 있었다고 하였다(창2:9). 모든 나무는 셋째 날에 창조하셨고(창1:11), 아담과 하와는 여섯째 날에 창조하셨다(창1:31). 그러므로 생명나무는 아담이 아니고, 선악나무도 하와가 아니다.

⑪ 각종 나무의 열매를 임의로 먹되 라는 말은?

창세기 2장 16~17에 "여호와 하나님이 그 사람에게 명하여 이르시되 동산 각종 나무의 열매는 네가 임의로 먹되 선악을 알게 하는 나무

의 열매는 먹지 말라 네가 먹는 날에는 반드시 죽으리라 하시니라"고
하셨다. "동산 각종 나무의 열매는 네가 임의로 먹되"는 무엇인가?
정명석은, 아담이 하와의 성기만 빼고 나머지 신체는 만져도 좋다고
풀었다. 그러나 생명나무와 선악나무가 사람이라면 동산 각종 나무
들도 사람들이어야 한다. 선악과가 하와의 성기라면, 각종 나무의 열
매는 동산에 사는 모든 여자들의 성기여야 한다. 사람을 나무로 비유
했다면 모든 나무가 모든 사람이어야 하고, 선악과가 성기이면 모든
열매도 성기여야 한다. 동산의 모든 나무의 열매를 갑자기 하와의 각
지체라고 변경하는 것은 논리에 맞지 않다. 성경을 그와 같이 자기 맘
대로 늘였다 줄였다 하며 억지로 풀게 되면 망하게 된다(벧후3:16).
문자 그대로 각종 나무의 열매는 맘대로 따 먹어도 좋다는 뜻이다.
"You are free to eat from any tree in the garden." (Ge. 3:16)

⑫ 생명나무를 아담이라고 풀게 되면?
　생명나무를 아담이라고 하는 것은 정명석 자신도 이 시대의 생명나
무라고 주장하기 위함이다. 그러나 이것은 이미 통일교의 원리강론
에 나오는 주장이다.[246] 생명나무를 아담이라고 풀면, 이 시대는 교주
자신이 생명나무라고 주장할 수 있게 된다. 교주자신이 생명나무라
고 하면, 생명과를 따먹으면 영생한다는 것과 결부되고, 그것은 결국
교주와 성관계를 맺으면 영생을 얻을 수 있다는 해괴한 구원관이 상
상적으로 다가오는 것이다.[247] 이와 같은 정명석의 타락론에 감염되

---

246) 세계기독교통일신령협회, 『원리강론』(성화사, 2006), 75.
247) 이러한 교리는 노골적으로 드러내어 하지는 않지만, 결국 회원들의 순결을 뺏는 교리
　　로 암묵적으로 작용하게 된다.

면, 정명석의 명백한 성범죄 행각이 회원들에게는 구원행위나 '거룩한 사랑의 실천'으로 둔갑되어 다가온다. 환언하면, 인간의 타락이 성(性)으로 발생했다면 성(性)으로 구원해야 한다는 교리가 뒤 따르게 되고, 그로 인해 교주의 성적타락은 불을 보듯 뻔하다.

(2) 선악과를 따 먹었다는 것은 성교한 것인가?
① 선악과는 하와의 성기가 아니다.
정명석은 아담과 하와가 어린 나이에 성교한 것이 선악과를 따먹은 것이라고 하였다. 그러나 위에서 살펴본 바와 같이 생명나무는 아담이 아니고, 선악나무는 하와가 아니다. 당연히 선악과도 하와의 성기가 아니다.

창세기 3장 6절에서 "여자가 그 나무를 본즉 먹음직도 하고 보암직도 하고 지혜롭게 할 만큼 탐스럽기도 한 나무인지라. 여자가 그 열매를 따 먹고 자기와 함께 있는 남편에게도 주매 그도 먹은지라"(창 3:6)고 하였다. 여기에서 여자가 그 나무를 본즉 먹음직도 하고 보암직도 하고 지혜롭게 할 만큼 탐스럽기도 하다고 하였다. 그래서 하와는 그 나무의 열매를 따 먹고 남편에게도 주었다고 하였다. 그 나무는 무슨 나무인가? 선악나무이다. 그런데 선악나무는 하와라고 하였다. 그렇다면 하와가 자기의 몸을 보고 먹음직도 하고 보암직도 하고 지혜롭게 할 만큼 탐스럽기도 하여 자기를 따먹었다는 말인가? 자위행위 한 것이 인류의 원죄인가? 그것은 음란소설을 쓰는 것이다. 선악나무는 하와가 아니다. 선악과도 하와의 성기가 아니다. 하와가 선악과 따 먹었다는 것과 하와가 성교했다는 것은 아무런 상관이 없다.

② 아담과 하와가 어린 나이에 성교했는가?

정명석은 아담과 하와가 어린 나이에 성교한 것이 선악과를 따 먹은 것이라고 하였다. 그러나 성경에 그런 말은 없다. 아담과 하와는 하나님께서 이미 부부로 맺어 주셨다(창2:24). 성경은 아담을 하와의 남편이라 했고, 하와를 아담의 아내라고 했다. 그리고 번성하여 땅에 충만하라고 이미 복 주셨다(창1:28). 그런데 어찌하여 아담 하와가 어린 나이에 성교했다고 하는가? 전혀 성경에 없는 말이다. "이러므로 남자가 부모를 떠나 그의 아내와 합하여 둘이 한 몸을 이룰지로다. 아담과 그의 아내 두 사람이 벌거벗었으나 부끄러워하지 아니하니라"(창2:24-25).

③ 아담과 하와가 성장하면 선악과 따먹게 하려고 했는가?

정명석은 아담과 하와가 성장하면 선악과 따먹게 하려고 했었다고 주장하였다. 거짓말이다. 성경에는 하나님께서 '선악과 따먹지 말라'고만 하셨지, 성장하면 따먹게 하려고 했다는 말이 없다. '결코 먹지 말라'는 말의 형태는 십계명을 닮았다. 즉 미완료형이 뒤따르는 부정어 '로(אל)'는 오랫동안 지속되는 금지령들에 대해서 사용된다.[248] "살인하지 말라(출20:13)", "도둑질하지 말라(출20:15)"는 금지명령에 쓰인 단어이다. 그러므로 선악과를 따 먹지 말라는 금지명령은 시간이 지나면 풀리는 것이 아니다. 하나님께서는 이미 생육하고 번성하라고 말씀하셨는데, 성교하지 말라고 하면 어떻게 번성하겠는가? 그런 모순이 발생하므로 정명석은 '성장하면 따 먹으라고 했다'고 말

248) Gordon J. Wenham, 『WBC 주석』, 박영호 역 (서울 : 솔로몬, 1987), 183.

했던 것이다. 왜냐하면 이단들은 잘못된 교리의 허점을 메꾸기 위해 성경에 없는 말을 할 수밖에 없는 것이다. 선악과는 성장과 상관없이 무조건 따먹어서는 안 되는 것이었다.

### (3) 임신의 고통이 선악과 따먹은 증거인가?

만약 선악과 따 먹어서 하와가 임신하게 되었고, 그 결과로 하와에게 잉태하는 고통이 생겼다면, 아담에게도 하와처럼 생식기관 자체에 저주를 했어야 한다. 그러나 하나님께서 아담에게는 이마에 땀 흘려야 먹고 살 수 있다고 저주하셨다. 선악과 따먹기 전의 하와와, 따먹고 난 후의 하와의 달라진 점은 무엇인가? 아담은 하나님의 저주로 노동의 수고가 크게 늘어났다. 원래 노동자체는 저주가 아니었다. 왜냐하면 아담은 타락하기 전에도 노동을 하고 있었다(창2:15).[249] 그러나 저주로 인해 더 많은 노동의 필요성과 실망스러운 결과를 갖게 되었다.[250] 하와도 선악과 따 먹기 전에도 임신할 수 있었다. 하나님께서 이미 번성하라고 복 주셨기 때문이다. 타락 후 초래된 결과는 잉태하는 고통이 크게 더해진 점이다.[251] 타락하지 않았더라면, 무 통증이거나 약간의 통증과 순산(順産)이었을 것이다. 임신의 고통이 크게 더해 진 것은 아담에게 노동의 수고가 크게 더한 것과 같다. 선악과 따먹은 것과 하와가 임신한 것과는 직접적인 연관이 없다. 타락에 대한 대가로 임신의 고통을 크게 더한 것이다.

---

249) 창2:15 여호와 하나님이 그 사람을 이끌어 에덴동산에 두어 그것을 경작하며 지키게 하시고
250) R. C. Sproul, 『언약』, 80.
251) R. C. Sproul, 『언약』, 80.

또 여자에게 이르시되 내가 네게 임신하는 고통을 크게 더하리니
네가 수고하고 자식을 낳을 것이며"(창3:16)

아담과 하와가 선악과를 따먹고 자식을 낳은 것이 아니라 동침하
고 낳았다. 창세기 4장 1절에서 "아담이 그의 아내 하와와 동침하매
하와가 임신하여 가인을 낳고 이르되 내가 여호와로 말미암아 득남
하였다 하니라."고 하였다. 그러므로 무슨 과일 먹어야 임신하느냐는
정명석의 반문은 맞지 않다. 선악과를 먹고 임신한 것이 아니기 때문
이다. 정명석에게 계시를 주어서 타락의 인봉을 떼게 해주었다는 성
자의 영도 결국 거짓말하는 영일뿐이다. 예수님이시라면 성경에 이
렇게 무식할 리가 없다. 그저 속닥거리는 미혹의 영임에 틀림이 없다.

### (4) 뱀의 정체
정명석의 뱀에 대한 설명이 전반기와 후반기가 다르다는 것은 자기
의 설명이 애당초 틀렸다고 자인하는 것이다.

① 전반기 해석에 대한 반증
㉮ 사탄의 기원이 틀렸다.
정명석은 천사장 루시엘이 하와를 타락시켜 사탄 루시퍼가 되었다
고 하였으나, 뱀은 이미 사탄의 신분으로 접근했던 것이다. 천사가 인
간을 타락시켜 사탄이 되었다는 것은 원래 통일교의 주장이다.[252] 사
탄의 기원은 일반적으로 이사야 14장 12~20과 에스겔 28장 12~17

---

252) 세계기독교통일신령협회, 『원리강론』, 76-78.

절에서 찾는다. 그 구절들은 특히 '교만하여 타락하였다'고 말하고 있다. 이사야서의 바벨론 왕은 바벨론의 한 왕에게, 에스겔서의 두로 왕은 두로의 한 왕에게도 적용되지만, 궁극적으로 하나님과의 동등성을 원하다가 몰락한 사탄을 두고 한 말이다.[253] 에덴동산에서 하와를 타락시켜서 그때부터 사탄이 된 것이 아니다.

> ......네가 네 마음에 이르기를 내가 하늘에 올라 하나님의 뭇별 위에 내 자리를 높이리라 내가 북극 집회의 산 위에 앉으리라 가장 높은 구름에 올라가 지극히 높은 자와 같아지리라...(사14:12-20)
>
> ....네가 지음을 받던 날로부터 네 모든 길에 완전하더니 마침내 네게서 불의가 드러났도다...네가 아름다우므로 마음이 교만하였으며 네가 영화로우므로 네 지혜를 더럽혔음이여...(겔28:12-17)

㉴ 천사는 남녀 성별의 구분이 없다.

정명석의 말대로, 천사장이 남자라서 하와에게 갔다는 말은 비성경적이다. 마태복음 22장 30절에서 "부활 때에는 장가도 아니 가고 시집도 아니 가고 하늘에 있는 천사들과 같으니라."고 하였다. 부활 때는 장가도 아니 가고 시집도 아니 간다는 말은, 부활한 몸은 남자도 아니고, 여자도 아니라는 말이다. 그런데 그 몸은 하늘의 천사들과 같다고 하였으니 천사들도 남녀가 없다는 의미이다.

---

253) Walter C. Kaiser Jr., F.F. Bruce, Manfred T. Bruce, and Peter H. Davids, 『IVP 성경난제주석』, 김재영·김지찬·박규태·이철민 역(서울: 한국기독학생회출판부, 2017), 312-313.

㉰ 천사들이 간음을 행했다는 것은?

유다서 1장 7절에 "소돔과 고모라와 그 이웃 도시들도 그들(천사들-필자 주)과 같은 행동으로 음란하며..."라는 구절이 있다. 여기서 정명석은 천사가 간음(음란)을 행했다는 구절에서 힌트를 얻고, 창세기 3장의 천사장이 경호원으로서의 자기 지위를 지키지 않고 음욕에 눈이 어두워 자기 처소를 떠나 하와에게 가서 간음을 행했다고 하였다. 그러나 천사들은 남녀 구별이 없기 때문에 간음죄를 지을 수 없다. 그렇다면 천사들이 간음을 행했다는 것은 무엇인가? 유다서 1장에서 천사들이 간음을 했다는 것은 실제 간음을 말하는 것이 아니다. 천사들이 하나님 보다 다른 것을 더 사랑하여 '자기지위를 지키지 않고 떠나' 불순종하게 된 것을 간음(음행)죄라고 했던 것이다. 이스라엘 백성들이 우상 숭배하는 것을 하나님께서는 간음(음행)이라고 했던 것과 마찬가지이다.

㉱ 아담 이외의 다른 사람(뱀 같은 사람)과 하와가 성교하였는가?

아담 외에 다른 남자는 없었다. 그러므로 사탄이 다른 육체를 이용하여 하와와 실제 성관계를 했다는 주장은 비성경적이요, 음탕한 3류 소설 같은 이야기다. 누가복음 3장 38절에 "그 위는 에노스요 그 위는 셋이요 그 위는 아담이요 그 위는 하나님이시니라."고 하였다. 아담 말고 다른 남자는 없었다.

② 후반기 해석에 대한 반증
㉮ 천사장 루시엘이 천지창조 반대했는가?

정명석의 말대로, 천사장 루시엘이 하나님께서 천지 창조하시고 인간 창조하는 것을 반대하고 싫어했는가? 성경에 그런 말은 없다. 오히려 천사들은 하나님께서 천지창조하실 때 다 기뻐 소리 질렀다고 했다.

> 내가 땅의 기초를 놓을 때에 네가 어디 있었느냐 네가 깨달아 알았거든 말할지니라 누가 그것의 도량법을 정하였는지, 누가 그 줄을 그것의 위에 띄웠는지 네가 아느냐 그것의 주추는 무엇 위에 세웠으며 그 모퉁잇돌을 누가 놓았느냐 그때에 새벽 별들이 기뻐 노래하며 하나님의 아들들이 다 기뻐 소리를 질렀느니라(욥38:4~7)

㉯ 천사장 루시엘이 시기하여 쫓겨났는가?

정명석의 말대로, 천사장이 하나님과 인간들 사이의 사랑에 시기질투가 나서 쫓겨났는가? 성경에는 천사장이 하늘에서 사랑문제 때문에 질투 나서 심통 부리다가 쫓겨났다는 말은 없다. 다만 하늘에서 전쟁이 있었을 때, 사탄과 그의 졸개들은 미가엘 군대에게 패하여 하늘에서 쫓겨났다고 하였다.

> 하늘에 전쟁이 있으니 미가엘과 그의 사자들이 용과 더불어 싸울새 용과 그의 사자들도 싸우나 이기지 못하여 다시 하늘에서 그들이 있을 곳을 얻지 못한지라 큰 용이 내쫓기니 옛 뱀 곧 마귀라고도 하고 사탄이라고도 하며 온 천하를 꾀는 자라 그가 땅으로 내쫓기니 그의 사자들도 그와 함께 내쫓기니라(계12:7~9)

천사장이 교만하여 하나님처럼 되려고 하다가 사탄이 되었다는 것을 알 수 있다. 그 사탄이 하와에게 나타나 역시 네가 선악과를 먹으면 하나님처럼 될 것이라고 미혹하였다. 천사장이 교만하여 하나님처럼 되려고(To be as God) 하다가 사탄되었듯이, 하와가 하나님처럼 되려고 하다가 타락하였다.[254] 오늘날도 많은 사람들이 교만하여 자기를 예수라고 하다가 적그리스도가 되는 것이다. 예수님 외에 그리스도는 없다. 예수님께서는 누가복음 18장 14절에서 "무릇 자기를 높이는 자는 낮아지고 자기를 낮추는 자는 높아지리라"고 하셨다. 교만은 패망의 선봉이고, 거만한 마음은 넘어짐의 앞잡이다(잠 16:18).

하나님처럼 경배 받고 싶어 하다가 쫓겨난 사탄은, 예수님을 시험하러 왔을 때도 자기에게 경배하면 천하만국의 모든 영광을 다 주겠다고 하면서 미혹했다.[255] 지금 이단의 교주들도 자기들을 주님이라고 고백하면 천하의 모든 영광을 주겠다고 성경공부를 통해 회원들을 미혹하고 있는 것이다. 사탄이 예수님을 시험할 때도 성경구절을 이용하였다. 이단의 교리들이란 예수님 외에 다른 사람을 '주님'이라고 믿게 만드는 그릇된 성경공부이다. 그런 미혹을 접할 때 우리는 "사탄아 물러가라 기록되었으되, 다른 이로써는 구원을 받을 수 없나니 천하사람 중에 구원을 받을 만한 다른 이름을 우리에게 주신 일이 없음이라"(행4:12) 라며 담대하게 물리쳐야 한다.

---

254) 박해영, 『챠트로 본 조직신학』 (서울: 아가페문화사, 1998), 164; 창3:5 너희가 그것을 먹는 날에는 너희 눈이 밝아져 하나님과 같이 되어 선악을 알 줄 하나님이 아심이니라

255) 마귀가 또 그를 데리고 지극히 높은 산으로 가서 천하만국과 그 영광을 보여 이르되 만일 내게 엎드려 경배하면 이 모든 것을 네게 주리라.(마4:8~9).

## (5) 이 시대 섭리동산에 법을 주셨다는 것은?

　정명석은 선악과를 실제 과일이 아니라 하와의 성기라고 푼다. 그러므로 아담과 하와가 선악과를 따먹었다는 것은, 실제 과일을 따먹은 것이 아니라, 아담과 하와가 하나님의 허락 없이 어린 나이에 성교한 것이라고 한다. 사람들은, 그 말을 듣고 '선악과는 여자 성기다'고 받아들이게 된 순간, 하나님께서 '너도 성교하면 아담과 하와처럼 죽는다'고 명령하신다고 믿게 된다. 그리고 선악과를 여자의 성기라고 깨우쳐 준 정명석은 하나님의 입장이 된다. 그래서 정명석의 허락 없이 성교를 하면, 그것은 바로 선악과를 따먹는 것이고, 원죄를 짓는 것이 된다. 선악과를 따먹고 에덴동산에서 추방되었듯이, JMS회원들은 허락 없이 성교하면 섭리동산(JMS단체-필자 주)에서 추방당하게 된다. 원죄를 안 지으려면 정명석의 허락 받고 결혼해야 한다. 많은 사람들이 허락 받으려니 한꺼번에 해야 한다. 그것이 바로 합동결혼식이다.[256] 세계의 모든 사람들이 정명석의 허락 받고 합동결혼식을 해야 구원받는다면, 십자가 길 외에 새로운 구원의 길이 열린 것이고, 정명석은 새 구원자가 된다. 정명석이 새 구원자라면, 예수님은 실패했거나 미완성의 구원자가 되고, 십자가의 보혈은 무의미해진다. 그러나 예수님께서는 십자가상에서 "내가 다 이루었다"(요19:30)고 선언하시었다. 새 진리와 새 구원자는 없다. 성경은 예수님만이 하나님께 가는 유일한 길이요 진리요 생명이고, 그리고 천하 인간에 예수 외에 구원자는 없다고 천명한다. 하나님과 인간 사이에 중보자도 예수

---

256)　합동결혼식은 통일교에서 유래하였다. 통일교나 JMS에서는 합동결혼식을 축복식이라고 부른다.

그리스도 · 뿐이다. 예수님을 전하는 십자가의 도(道) 외에 다른 복음은 없다.

> 나는 길이요 진리요 생명이니 나로 말미암지 않고는 아버지께로 올 자가 없느니라(요14:6).
> 다른 이로써는 구원을 받을 수 없나니 천하 사람 중에 구원을 받을 만한 다른 이름을 우리에게 주신 일이 없음이라 하였더라(행4:12).
> 하나님은 한분이시오 또 하나님과 사람 사이에 중보자도 한 분이시니 곧 사람이신 그리스도 예수라(딤전2:5)
> 다른 복음은 없나니 다만 어떤 사람들이 너희를 교란하여 그리스도의 복음을 변하게 하려 함이라(갈1:7).

원죄란, 인류의 조상 아담 한 사람이 죄를 지어 아담 아래 있는 모든 사람이 죄를 범한 것이다. 그렇다면 원죄는 어떻게 벗어나는가? 죄가 한 사람 아담으로부터 들어왔듯이, 마지막 아담인 예수 그리스도를 믿음으로 벗어나는 것이다(롬5:12~21). 원죄가 한 사람 아담으로 말미암아 들어왔듯이, 구속(救贖)도 한 사람 예수 그리스도로 말미암아 얻는 것이다. 이것을 대표원리(代表原理)라고 한다. 그러나 정명석의 타락론은 아담과 하와가 어린 나이에 성교하여 원죄를 지었음으로, 원죄를 짓지 않고 구원받으려면 각 개인이 성교하지 않아야 된다. 단 정명석으로부터 허락 받은 사람들은 결혼할 수 있고, 성교해도 원죄가 되지 않는다. 어찌 정명석의 허락 받은 사람들만 결혼할 수 있는가? 결혼이 죄인가? 아니다. 오히려 결혼을 금하는 것은 귀신의 가르침이다(딤전4:1~3). 그리고 이것은 "생육하고 번성하라"(창1:18)는 하나님의 말씀과 위배된다. 예수님도 "하나님이 짝 지어주신 것을 사람이 나누지 못한다"(마19:6)고 하셨고, 바울도 결혼하는 것은 죄 짓는 것이 아니라고 하였다(고전7:28, 7:36).

섭리동산(JMS단체-필자 주)은 에덴동산도 아니고, 지상천국도 아니다. 그냥 이단단체일 뿐이다. 우리의 돌아갈 에덴동산은 지상의 월명동(JMS본부)이나 어떤 지역이 아니라 하늘나라이다. 그곳은 구원받은 하나님의 자녀들이 들어가는 곳이고, 그들은 다시 생명나무에 나아가게 되고 생명과도 먹을 수 있다.

> *자기 두루마기를 빠는 자들은 복이 있으니 이는 그들이 생명나무*
> *에 나아가며 문들을 통하여 성에 들어갈 권세를 받으려 함이로다(계*
> *22:14)*

생명나무는 타락한 아담과 하와에게는 접근이 허용되지 않았던 나무이다(창3:24). 구원받은 하나님의 자녀들은 천국(낙원)에서 생명과를 먹게 된다(계2:7, 계22:2).

# VIII. 결론

# VIII. 결 론

## 1. 요약

예수 그리스도께서 경고하신 대로 말세지말(末世之末)을 맞이하여 한국교회는 많은 이단들로 인하여 막심한 피해를 당하고 있다. 왜 교인들은 교회를 떠나 이단으로 몰려가는가? 그것은 이단들의 성경공부 때문이다. 그렇다면 그들은 어떤 내용의 성경을 가르치는가? 오늘날 한국의 주요 이단들의 성경관은 비유설이다. 이 책에서는 주요 이단중의 하나인 JMS(정명석)의 비유론을 중심하여 분석하고 반증하였다.

제1장은 이 책의 서론으로서 이 책의 문제제기 및 연구목적, 연구의 범위와 방향을 다루었다. 연구 질문으로서 정명석의 성경관은 무엇이며 그에 대한 개혁주의 신학적 분석과 반증은 무엇인가?

제2장에서는 JMS(정명석)의 성경관을 다루었다. 정명석은 성경이 비유로 인봉되어 있다고 주장한다. 그래서 우리가 그 인봉을 떼고 읽어야 비로소 참 진리를 알게 된다고 주장한다. 그리고 시대를 삼시대, 즉 구약시대, 신약시대, 성약시대로 구분하였다. 그러나 삼시대는 성경에 근거가 없다. 삼시대론은 이단교주들이 자기들을 재림예수라고 미혹하기 위해 만든 교리이다. 성경은 구약과 신약 외에는 '다른 복

음'은 없다고 천명하고 있다.

　제3장에서는  정명석의 만물비유를 다루었다. 특히 베드로가 물고기 입을 열어 돈을 꺼냈다는 것은 실제 물고기 입을 연 것이 아니라, 그 물고기는 사람을 비유한 것이라 주장하였다. 그러나 한 곳에 사람을 물고기라 비유했다고 해서 다른 곳에서의 물고기도 사람이라고 주장하면 안 된다. 그리고 엘리야에게 까마귀가 떡과 고기를 물어주었다는 것도 역시 실제 까마귀가 아니고, 우상숭배자들이라고 하였다. 그러나 이러한 비유설은 하나님의  전능성을 불신하는 것이다. 하나님은 얼마든지 물고기나 까마귀를 하나님의 사역자로 부리실 수 있다.

　제4장에서는 정명석을 이 시대의 메시아로 가르치는 비유론으로 출애굽기 23장 28절의 왕벌과 이사야서 46장 11절의 독수리를 분석하고 반증하였다. 정명석은 왕벌을 여호수아라고 풀면서, 그와 같이 이 시대의 메시아도 왕벌과 같은 조직과 특성을 가지고 나타난다고 주장하였다. 그러나 출애굽기 23장 28절의 왕벌에 대한 정확한 번역은 말벌이었다. 그러므로 그가 왕벌을 장황하게 설명했던 모든 것들은 다 부질없는 일이다. 정명석은 왕벌을 자기라고 생각하여 왕벌의 조직을 이상세계라고 칭찬했으나, 왕벌조직은 그저 곤충세계일 뿐 이상세계도 지상천국도 아니다. 정명석은 자기를 왕벌로 착각하여 왕벌과 똑같이 행동을 하고 싶었고, 그러다보니 JMS단체는 반사회적 단체가 돼버리고 말았다. 그와 같이 진리를 떠나면 올바른 행동을 할

수 없고 아름다운 열매를 맺을 수 없다.[257] 당연히 이단 교주들의 삶은 부도덕할 수밖에 없다. 이사야 46장 11절의 동방으로부터 독수리를 불러 하나님의 경영을 이루리라는 예언을 통해, 정명석은 동방은 한국이고 독수리는 자기라고 풀었다. 그러나 역사적으로 페르시아의 고레스 왕을 예언한 것이었다. 그 예언은 이미 성취된 것이다. 그러므로 자기를 동방의 독수리라고 주장하는 것은 명백한 사기이다.

제5장에서는 정명석의 불 심판에 대한 주장을 살펴보고, 그의 주장을 반증하였다. 정명석은 성경구절 가운데 말씀을 불로 비유한 것을 가지고, 말세 때도 그와 같이 말씀심판이라고 주장한다. 그러나 예수님께서는 당신이 재림하여 나타나는 날에는 소돔과 고모라 때와 같으리라고 하셨다(눅17:29-30). 소돔과 고모라 성은 실제 불로 멸망당하였다. 그러므로 재림 때도 실제 불인 것이다. 그리고 베드로후서 3장 7절에 "이제 하늘과 땅은 그 동일한 말씀으로 불사르기 위하여"를 가지고, 정명석은 '보라, 말씀으로 불사른다고 하지 않았느냐?'며 말씀심판이라고 주장한다. 그러나 이 말은 말씀심판 하신다고 말씀한 것이 아니고, 불 심판 하신다고 말씀하신대로 그대로 불 심판 하시겠다는 말씀이었다. 정명석이 국문해석을 그릇되게 했던 것이다.

제6장에서는 오병이어 기적에 대한 정명석의 주장과 반증을 다루었다. 정명석은 오병이어 기적을 실제 일어난 기적이라 믿지 않는다. 다만 예수님께서 그날 오천 명에게 생명의 떡인 말씀을 들려주었을

<hr>

257) 피영민, 『신약개론』, 290.

뿐이라는 것이다. 그리고 12광주리는 12제자를 의미한 것이라고 주장한다. 결국 정명석의 오병이어 비유론은 그저 영적인 의미만 있는 것으로 예수님의 신성과 기적을 부인하는 것이다. 그로인해 정명석은 예수님의 신성을 부정하고 인성만을 부각시킴으로 자기도 재림예수라고 주장할 수 있는 근거를 마련하려는 것이다. 그러나 우리가 오병이어의 표적을 실제적 사건으로 믿는다면, 그 누구도 예수님과 같은 표적을 흉내 낼 수 없기에 자기를 재림예수라고 스스로 증거 할 수 없다.

제7장에서는 JMS(정명석)의 특징인 타락론을 다루었다. 정명석은, 생명나무는 아담, 선악나무는 하와를 각각 비유한 것이라 주장한다. 그리고 선악과는 하와의 성기라 하고, 선악과를 따먹었다는 것은 성교 한 것이라고 풀었다. 그러나 생명나무는 아담이 아니고, 선악나무도 하와가 아니다. 그의 타락론은 성경을 엉터리로 해석한 음란 소설에 불과하다. 천사가 남자 천사라서 하와와 성교를 하였다는 말도 성경에 위배되는 말이다. 정명석은 아담과 하와가 어린 나이에 하나님의 허락 없이 성관계를 하여 타락했으니, 자기가 받아온 새 시대 말씀으로 완성된 남녀가 자기에게 허락 받고 결혼해야만 원죄를 벗어나는 길이라고 주장한다. 그러나 원죄는 성교를 안 해서 벗어나는 것이 아니고, 예수 믿고 구원받아 벗어나는 것이다. 결국 정명석의 타락론은, 결혼을 죄짓는 것으로 여기는 영지주의자들의 금욕주의와 같이, 개인의 자유결혼을 통제하는 것으로, 그것은 귀신의 가르침과 미혹하는 영의 가르침일 뿐이다(딤전4:1-3).

제8장에서는 결론 부분으로서 JMS(정명석)의 비유론은 정명석을 재림예수라고 미혹하기 위한 거짓 교리이며, 비진리라는 결론에 도달하게 되었다.

## 2. 평가와 대책

### 1) JMS(정명석)의 비유론에 대한 평가

정명석의 비유론은 성경의 역사성이나 기적을 전부 비유로 봄으로써, 영적인 의미만을 강조한 나머지 성경의 역사성(歷史性)을 거세하였다. 이러한 정명석의 비유론은 실제로 일어났던 사건을 종교적인 진리를 전하기 위해 고안된 부차적인 배경의 역할 만을 가진 것으로 해석하게 된다.[258] 그러나 실제 사건이나 실제 기적들을 전부 비유라고 주장함으로써 사건 자체를 포기하는 이 같은 성경관은 교인들의 바른 신앙생활에 치명적인 해악을 초래하게 된다. 정명석의 만물비유는 결국 생명나무는 정명석이요, 자기는 구름 탄 재림예수라는 것으로 끌고 가기 위해 밑그림을 그린 것이다. 정명석은 왕벌과 독수리의 비유를 통해 자기를 이 시대의 왕벌 같은 메시아, 독수리 같은 재림예수라고 증거하였다. 그러나 적그리스도를 그리스도라고 믿고 따

---

258) James Kalls , 『공관복음서 기적의 의미』, 김득중·김영복 역 (서울: 대한기독교출판사, 1985), 11-12.

른다면 금생과 내세에 걸쳐 저주 받게 된다. 정명석의 선악과 비유론은 성적으로 문란해 질 수밖에 없다. 성(性)으로 타락했으니 성(性)으로 구원한다는 교리가 필수적으로 뒤따르기 때문이다. 그 결과 성적 문란은 사필귀정이다. 그러나 그 죄악을 성경적으로 합리화하기 때문에 사람들의 양심과 도덕적 판단기준은 마비되어 간다. 그래서 죄를 지어도 죄인 줄 모르고, 거짓말을 해도 거짓말인 줄 모르고, 간음을 행해도 간음인 줄을 모른다. 그 음행의 산실(産室)이 바로 선악과 비유를 통한 타락론이다.

거짓 선지자들은 부도덕할 수밖에 없다. 진리가 없는 사람은 선한 행위를 할 수 없고 좋은 열매를 맺지 못한다(마7:20). 배교(背敎)와 부도덕은 동전의 양면과 같다.[259] 가만히 들어온 거짓 선지자들은 주님을 부인하고[260] 부도덕하고 배교하며, 하나님 말씀을 왜곡하여 자신들의 행동을 합리화한다.

정명석의 구름비유는 예수님과 우리들을 이간질하고 대신 정명석을 재림예수라고 믿게 하는 교리이다. 예수님께서 승천하실 때 천사들이 "너희 가운데서 하늘로 올려지신 이 예수는 하늘로 가심을 본 그대로 오시리라"(행1:11)고 하였다. 올라가실 때의 구름이 실제 구름이었기 때문에 재림하실 때도 실제 구름타고 오시는 것이다. 정명석처럼 구름을 사람이라 하고, 불 심판은 말씀심판이라고 한다면, 누구라도 자기를 재림예수라고 우길 수 있다. 그러나 예수님의 재림

---

259) 피영민, 『신약개론』, 290.
260) 주님을 부인한다는 것은 입으로는 주님을 시인하나, 새 시대에는 새로운 사람이 새 주님이라고 주장하는 것이 바로 주님을 부인하는 것이다. 주님을 시인한다는 것은 주님 한 분만을 믿고 의지하는 것을 의미한다.

은 실제로 하늘로부터 구름타고 오시고, 불 심판은 그대로 불 심판으로 실현될 것이다. 구약에서 메시아가 나귀새끼 타고 오신다고 하셨는데(슥9:9), 문자 그대로 나귀새끼 타고 오셨던 것처럼 말이다(마 21:1~11).

성경을 비유로 해석하여 인간교주들을 재림예수라 믿었던 이단자들은, 어서 속히 회개하고 예수님께로 돌아와야 한다. 정명석의 비유론은 오늘날 대부분의 이단들의 공통적인 성경관이다.

(1) 정명석의 비유론은 성경을 억지로 풀어 멸망을 자초하였다.

베드로 후서 3장 16절에 "무식한 자들과 굳세지 못한 자들이 다른 성경과 같이 그것도 억지로 풀다가 스스로 멸망에 이르느니라"고 하였다. 정명석의 비유론은 성경을 억지로 푼 것으로, 그로 인해 성경의 역사성을 부정하였고, 결국 성경의 약속된 영생에서 제외됨을 당하고 만다.

(2) 정명석의 비유론은 탐심으로 지어낸 말이다.

정명석의 '선악과를 영원히 따먹지 못하게 한 것이 아니고 다 익은 다음에 따먹게 하려고 했다', '아담과 하와의 나이 차이는 두 살이다' '원래는 선악과가 아니라 선실과였다'는 말들은 성경에 없는 말이다. 그와 같이 이단들은 거짓을 커버하기 위해서 성경에 없는 말을 할 수밖에 없다. 베드로후서 2장 3절에 "그들이 탐심으로써 지어낸 말을 가지고 너희로 이득을 삼으니 그들의 심판은 옛적부터 지체하지 아니하며 그들의 멸망은 잠들지 아니하느니라"고 하였다. 정명석의 비유론은 그의 탐심이 지어낸 사설(邪說)일 뿐이다.

### (3) 정명석의 비유론은 거짓말이다.

성경은 '비유로 인봉되었다'는 말은 거짓말이다. 왜냐하면 성경은 비유로 인봉된 책이 아니기 때문이다. 왕벌이 사람이라는 말도 거짓말이다, 동방의 독수리가 정명석이라고 한 것도 거짓말이다, 불 심판은 말씀심판이라는 말도 거짓말이다, 오병이어 기적의 떡이 말씀이라고 한 것도 거짓말이다, 선악과가 여자 성기라고 한 것도 거짓말이다. 거짓말을 하는 과정에서 맞는 말도 있지만 그것은 더 큰 거짓말로 가기 위한 부속품일 뿐이다. 거짓말은 사탄의 본성이다. 요한복음 8장 44절에서 "그는 처음부터 살인한 자요 진리가 그 속에 없으므로 진리에 서지 못하고 거짓을 말할 때마다 제 것으로 말하나니 이는 그가 거짓말쟁이요 거짓의 아비가 되었음이라"고 하였다. 그러므로 거짓말하면 책망을 받게 되고 지옥 불에 떨어지게 된다. 성경에서 거짓말은 이단교리를 의미한다.

> 너는 그의 말씀에 더하지 말라 그가 너를 책망하시겠고 너는 거짓말하는 자가 될까 두려우니라(잠30:6)
> 거짓 증인은 벌을 면치 못할 것이요 거짓말을 뱉는 자는 망할 것이니라(잠19:9)
> 그러나 두려워하는 자들과 믿지 아니하는 자들과 흉악한 자들과 살인자들과 음행하는 자들과 점술가들과 우상 숭배자들과 거짓말하는 모든 자들은 불과 유황으로 타는 못에 던져지리니 이것이 둘째

*사망이라(계21:8)*

*무엇이든지 속된 것이나 가증한 일 또는 거짓말하는 자는 결코 그
리로 들어가지 못하되 오직 어린 양의 생명책에 기록된 자들만 들어
가리라(계21:27)*

*개들과 점술가들과 음행하는 자들과 살인자들과 우상 숭배자들과
및 거짓말을 좋아하며 지어내는 자는 다 성 밖에 있으리라(계22:15)*

**(4) 정명석의 비유론은 마땅치 않은 가르침이다.**

디도서 1장 11절에는 이단들의 폐해를 말하면서 "그들의 입을 막
을 것이라  이런 자들이 더러운 이득을 취하려고 마땅하지 아니한 것
을 가르쳐 가정들을 온통 무너뜨리는도다"고 하였다. 그리고 잘못된
가르침은 불필요한 분쟁과 다툼과 비방이 끊임없이 발생한다(딤전
6:4).  JMS회원을 둔 많은 가정들에서 가정파괴와 분쟁이 일어나고
있는 것이 그 증거이다.

**(5) 정명석의 비유론은 정명석을 재림예수라고 믿게 하는 교리이다.**

"때"가 되면 다 풀어준다고 했는데, 재림 때가 되어 자기가 다 풀었
으니 자기야 말로 재림예수라는 논리이다. 그러나 창세 이후 감추인
비밀은 이미 예수님 때 다 풀어 주셨고, 성경은 비유로 인봉된 책도
아니다. 정명석이 풀었다고 하는 것들도  엉터리로 풀었을 뿐이다. 정
명석의 비유론은 정명석을 전(傳)하는 것이지, 결코 예수 그리스도를
전하는 것이 아니다.  주 예수 그리스도의 복음과는 다른 것으로 소위
"다른 복음, 다른 영, 다른 예수"(고후11:4)이다. 고로 정명석은 예수

님께서 경고하신대로 '많은 사람들이 내 이름으로 와서 자기를 그리스도라 하며 심지어 택한 백성이라도 미혹하리라' 하셨던 많은 적그리스도 중의 한명이다. 그리스도는 예수 그리스도 뿐이다.

## 2) 이단대처의 필요성과 대책

갈릴리 호수에서 예수님과 제자들이 탄 배가 풍랑을 만났다. 제자들은 살아보려고 발버둥 쳤지만 배는 점점 더 위험해지고 있었다. 그때 예수님은 주무시고 계셨다. 제자들이 예수님을 깨웠고, 예수님은 성난 파도와 바람을 꾸짖어 바다를 잔잔케 하셨다.

오늘날 기독교호라는 배가 예수님과 제자들이 탔던 배와 같이 세상 바다에 빠져들고 있다. 그것은 과학주의와 자연주의, 무신론적 인본주의, 자유주의 신학, 종교다원주의, 동성애, 이슬람 등의 태풍이 거칠게 몰아치고 있기 때문이다. 또한 이단사이비의 높은 파도는 기독교 호를 강타하고 있다. 어떻게 하면 바람과 파도를 잔잔케 할 것인가? 우리는 어떻게 예수님을 깨울 것인가? 성경을 깨워야 한다. 제임스 스마트는 성경이 교회 안에서 잠들어 있는 상황을 '교회 안에서 성경의 이상한 침묵'(The Strange Silence of the Bible in the Church)이라고 하였다.[261] 정통교회 다니던 사람들이 이단으로 빠지는 이유가, 성경공부 하고 싶었으나 제대로 가르쳐 주는 곳이 없었다고 이구동성으로 말한다. 주무시는 예수님을 깨워야 하는데 어떻게 하는 것

---

261) James D. Smart, 『왜 성서가 교회 안에서 침묵을 지키는가?』, 김득중 역 (서울: 컨콜디아사, 1995), 15-30.

이 주님을 깨우는 것인가? 우리들에게는 성경을 깨우는 것이 예수님을 깨우는 것이다. 선지자들과 사도들의 본래 음성이 들려지지 않을 때, 성경은 생명력을 잃게 되고 기독교는 세상바다에 빠져 들어갈 수밖에 없다. 이제 다시 잠자고 있는 성경으로 하여금 벌떡 일어나서 세상을 호령하게 해야 한다. 종교개혁의 캐치프레이즈가 '오직 성경으로만'이 아니었던가? 다시 성경으로 돌아가야 한다.

(1) 십자가의 도를 전하여 구원의 확신을 갖게 하라.

이단에 빠진 사람들은 대개 구원의 확신이 없던 사람들이었다. 구원의 감격과 예수 그리스도에 대한 유일성과 신성에 대한 믿음이 부족하다 보니 쉽게 이단들의 미혹에 빠지는 것이다. 모든 설교와 강의는 바울의 결심처럼 십자가의 도를 전해 교인들의 구원의 확신에 집중해야 한다. 십자가의 도를 통한 구원론을 전해야 한다. 교회를 오랫동안 다녔어도 십자가의 의미를 잘 모른다는 말은 오늘날 단상에서 그만큼 복음이 희미해졌다는 뜻이다. 이단에 빠지는 사람들은 구원받지 못한 사람들이다. 그러므로 십자가의 도를 깊이 전하여 구원의 확신을 갖게 하는 것이 급선무이다. 믿음은 거짓을 이긴다.

(2) 성경공부 시간을 늘려라.

①올바른 성경관을 가르쳐야 한다.

현대 모든 이단들의 공통점 중의 하나는 성경이 비유로 되어 있다고 주장하는 것이다. '성경이 비유로 인봉되어 있다', '때가 되어야만 비유가 풀어진다.', '그 비유를 풀어주는 사람이 그리스도다'라는 식의 미혹에 넘어가지 않게 해야 한다. 왜냐하면, 성경은 비유로만 기록된 책이 아니다. 그러나 일부 비유로 기록된 것을 마치 성경전체가 비유인양 미혹하고 있는 것이다. 구름은 실제 구름이고, 불 심판은 실제 불 심판이고, 삼 시대는 비성경적이고, 예수님은 육신이 부활하셨고, 구세주는 시대마다 바뀌는 것이 아니라는 것만 확실히 알아도 절대로 적그리스도 이단에 빠지지 않는다.

② 이단들의 교리를 반증하여 교육하라.

이단자들은 날마다 정통교회의 교인들을 빼내는 훈련을 받는다. 이단들의 설교와 강의는 대부분 정통교회를 공격하는 메시지로 채워진다. 그들은 대개 정통교회 출신들이다. 그러므로 정통교인들을 공격하는데 능숙하다.  그러나 정통교인들은 이단들의 교리도 모르고, 안다고 하더라도 그들의 교리를 반증할 수 있는 훈련이 되어 있지 않다. 그러므로 교회들마다 시급히 이단교리를 연구하고 대처하는 프로그램을 개설하고 보강해야 한다. 이단교리 반증교육은 전염병이 돌기 전에 예방주사를 놓고, 전염병이 창궐하면 치료제를 개발하여 퇴치하는 것과 유사하다. 이단은 영적 전염병이다. 이단에 대한 예방 강의와 이단교리를 분쇄할 수 있는 교리공부를 강화해야 한다.

③ 성경(교리)공부 시간을 늘려라.

이스라엘이 수세기를 거쳐 순례하면서도 살아남을 수 있었던 비결은 선지자들이 끊임없이 그들에게 전해주었던 말씀, 즉 그들의 현재 상태에 대한 하나님의 심판과 동시에 그들의 미래에 대한 하나님의 약속을 내포하는 말씀에 있었다.[262] 똑 같이 새 이스라엘 공동체인 교회에서 예수님과 그에 대한 증거가 오늘날 교회 안에서 계속하여 전해져야 한다. 오늘날 교회에서 주일설교 시간이 유일한 성경공부 시간이 되다시피 한 지 오래다. 설교시간 마저도 절대적으로 짧은 실정이다. 그것 가지고는 믿음이 약할 수밖에 없다. 이는 마치 하루 밥 먹고 일주일을 버티는 것과 같다. 그러므로 성경공부가 주일 설교 이외에 더 많이 이루어져야 한다. 이단들은 이단 교리공부를 많이 하는데 비해 정통교인들은 주일설교 시간 외는 거의 전무하다시피 하다. 당연히 이단들에 비해 전투력이 떨어질 수밖에 없다. 교회 내에서 교리공부와 성경공부 시간을 늘려야 한다.

④ 교회 밖에서의 성경공부를 차단하라.

일반교인들이 이단에 빠지는 통로가 교회 밖에서의 성경공부이다. 이단에서 가르치는 성경공부에 참석하지 않는다면 절대로 이단에 빠지지 않는다. 구원의 확신이 없고 성경 지식이 부족한 사람들은 이단 교리를 들으면 빠지기 마련이다.

(3) 이단전문가를 양성하라.

성서를 올바르게 이해하고 그것을 누구에게나 알아들을 수 있게 잘 해석해 줄 수 있는 전문가를 키워야 한다. 교회마다 교인들이 성경에 대해 궁금해서 질문했을 때 성의 있고 진지하게 답변할 수 있는 전문가를 양성해야 한다. 담임목회자가 이단상담 실력을 갖춘다면 더할

262) James D. Smart, 『왜 성서가 교회 안에서 침묵을 지키는가?』, 29.

나위 없이 좋겠지만, 업무 분담 차원에서라도 이단전문가가 꼭 필요
하다. 질문하는 사람에게 '교만하다'고 윽박지르거나 '무조건 믿기만
하라'는 식의 답변은 교인들로 하여금 이단으로 가라고 등을 떠미는
꼴이다. 교회마다 이단전문가를 양성하라.

## 3. 마치면서

필자는 원래 JMS의 삼분설이나 계시론, 영계론을 먼저 다루고 싶
은 마음도 있었다. 정명석은 성 폭행 등으로 징역 10년형 받고 만기
출소 했음에도 불구하고 JMS단체가 무너지지 않았던 것은 JMS의
교리와 신비주의 때문이다. 교주 정명석이 아무리 사회적 일탈을 해
도 JMS 단체 내에서 별 문제가 되지 않는 것은, 그 교리와 신비주의
가 정명석을 옹위하고 있기 때문이다.

JMS회원들은 그 안에서 수많은 천국지옥 간증과 계시자들의 직통
계시, 환상과 꿈 간증 등의 신비주의 홍수 속에 살고 있다. 그들은 자
기네들이 천국 중에서도 가장 높은 천국에 거하게 될 것으로 믿고 있
다. 그들의 뇌리 속에는 '성경은 옛날 책이라 정확하지 않다.' '날마다
떨어지는 이 시대의 주님(선생님)의 말씀이 더 중요하다.'고 생각한
다. 그래서 필자는 JMS의 이같은 신비주의적 신앙관을 예수 그리스
도의 복음으로 붙잡아 주고 인도해주고 싶은 마음이 간절했으나 순
서상 비유론 먼저 다룰 수밖에 없었다.

그리고 필자가 또 다루고 싶은 것은, '한 때 두 때 반 때'라는

JMS(정명석)의 역사론이다. 이 역사론은 정명석을 하늘 시간표에 맞춰 세상에 출현한 재림예수라고 믿게 하는 교리이다. 사실 모든 이단들마다 자기 교주를 재림예수로 믿게 만드는 연대풀이나 역사론이 있다. 그러나 이단들의 공통적인 약점도 역시 연대풀이나 역사론이다. 정명석의 치명적인 약점도 바로 '한 때 두 때 반 때' 역사론에 있다. 이단교주들이 역사론이나 연대풀이 하면서 재림예수로 등극하였기 때문에, 그 해석이 틀렸다는 것이 드러난다면 그들의 가짜 재림예수 노릇도 마침내 종지부를 찍게 될 것이다. 이것들은 "JMS(정명석)의 교리반증 Ⅱ"에서 다룰 생각이다.

향후 이단대책을 위해 예수 그리스도의 십자가 복음에 충실한 반증책들이 많이 나와서, 이단들의 파도와 풍랑을 잠잠케 하고, 기독교 호에 승선한 영혼들에게 천국 항에 안전하게 이르도록 길잡이가 되어 주었으면 하는 마음 간절하다.

독자들에게 하나님의 은혜와 평강이 충만하기를 기원합니다.

# 참고문헌

1. 국내 문헌
2. 학술문헌 및 기타
3. 번역문헌

# 참고문헌

1. 국내 문헌

권호덕. 『율법의 세가지 용도와 그 사회적 적용』. 서울: 그리심. 2003.

김경열. 『레위기의 신학과 해석』. 서울: 새물결플러스. 2017.

김승학. 『떨기나무』. 서울: 두란노, 2007.

김정준. 『구약성서의 이해』. 서울: 평민사. 1983.

김지호. 『성경파노라마』. 도서출판 다사랑. 2011.

김주철. 『내 양은 내 음성을 듣나니』. 서울: 멜기세덱 출판사. 2006.

박윤성. 『요한계시록, 어떻게 가르칠까』. 서울: 기독신문사. 2002.

박해영, 『챠트로 본 조직신학』. 서울: 아가페문화사. 1998.

선한용. 『시간와 영원』. 서울: 성광문화사. 1994.

심상법. 『성경해석학 서론』. 경기: 예움. 2016.

이만희. 『요한계시록의 실상』. 과천: 도서출판 신천지. 2011.

이종성. 『조직신학개론』. 서울: 종로서적. 1984.

장운철. 『이단들이 잘못 사용하고 있는 33가지 성경이야기』. 서울: 부흥과 개혁사.  2013.

정명석. 『비유론』. 서울: 도서출판 명. 1998.

_____. 『비유론』. 안구현 편 . 서울: 세계청년대학생MS연맹. 1991.

_____. 『섭리세계』. 안구현 편. 세계청년대학생MS연맹. 1993.

_____. 『말씀 도표 강의론』. 서울: 기독교복음선교회. 2007.

진용식. 『무료성경신학원 이만희의 실체는?』. 서울: 백승. 2011.

_____. 『구원파는 과연?』. 서울: 백승. 2011.

_____. 『안상홍 증인회의 실체는』. 서울: 백승. 2010.

천정웅. 『시한부 종말론과 실현된 종말론』. 서울: 말씀의 집. 1991.

_____. 『장별 성경연구를 위한 다니엘』. 서울: 말씀의 집. 1991.

초이 알렉스. 『기독교의 오해와 진실』. 서울: 월간국제골프사. 2006.

피영민. 『신약개론』. 서울: 검과 흙손. 2015.

홍창표. 『하나님 나라와 비유』. 수원: 합동신학대학원출판부. 2004.

## 2. 학술문헌 및 기타

권혁상. "모세의 기적은 사실인가?"2012년 창조과학국제학술대회 논문, 서울: 한국창조과학회. 2012.

"동방". 『기독교대백과 4권』. 서울: 기독교문사. 1993.

"르비딤". 『성경·찬송 낱말 사전』. 서울: 첨탑. 2006.

"독수리". 『그랜드종합주석』. 서울: 성서교재주식회사. 1996.

"독수리". 『호크마주석』. 서울: 기독지혜사. 1989.

라형택(편). 『스트롱코드』. 서울: 도서출판 로고스. 2012.

대한예수교장로회 이단·사이비피해대책조사연구위원회. 『개혁신학 요한계시록 해석』. 서울: 총회교육진흥국. 2016.

세계기독교통일신령협회. 『원리강론』. 서울: 성화사. 2006.

기독교복음선교회. 『실제 보는 강의안』. 금산: 도서출판 명. 2012.

세계청년대학생MS연맹. 『입문편』. 서울:세계청년대학생MS연맹 기획실. nd.

_____. 『초급편』. 서울: 세계청년대학생MS연맹 기획실. nd.

_____. 『고급편』. 서울: 세계청년대학생MS연맹 기획실. nd.

_____. 『젊음은 새역사로』. 서울: 세계청년대학생 MS연맹 기획실. 1990.

최성희. 『30개론 강의안』. 서울: 도서출판 명. 2002.

정명석. "마음과 뜻과 목숨을 다해 하나님을 사랑하라". 2017년 11월 5일 설교.

정동섭 . "세대주의와 이단". 교회와 신앙.

http://www.amennews.com/news/articleView.html?idxno=14037 2017. 9. 23.

https://ko.wikipedia.org/wiki/%EC%86%90%EC%9E%90%EB%B3%91%EB%B2%95 2017년 11월 8일 접속

http://jdm0777.com/a-yakchotxt/malbul.htm

http://blog.naver.com/ssog1/221001146339

http://go.seoul.co.kr/news/newsView. php?id=20170926500091&wlog_tag3=naver

http://100.daum.net/encyclopedia/view/b01g0762a

http://www.scienceall.com/%ec%a0%95%ec%9e%90sperm-spermatozoon/

http://cafe.daum.net/giciuwomen/Lz72/53?q=%BB%C0%C0%C7%20%BC%BA%BA%D0

http://news.kmib.co.kr/article/view.asp?arcid=0923305674&code=23111111  2017. 9. 30.

http://nownews.seoul.co.kr/news/newsView.php?id=201005
06601001 나우뉴스 2017년 12월 11일 접속

http://dl.dongascience.com/magazine/view/S200711N014 과학동
아 2017년 12월 11일 접속

https://ko.wikipedia.org/wiki/등검은말벌. 2019년 3월 18일 접속

https://namu.wiki/w/파일:attachment/요단강/jordan_river_karte.
jpg 2019. 3. 18일 접속

## 3. 번역문헌

Barclay, William. 『예수의 치유이적 해석』. 김득중 역 . 서울: 컨콜
　　디아사. 1984.

Berger, Perter. L. 『이단의 시대』 서광선 역. 서울: 문학과지성사. 1998.

Berkhof, Louis. 『성경해석학』. 윤종호 역. 서울: 개혁주의신행협
　　회. 2003.

Dehaan, M. R. 『갈라디아서 강해』. 김창엽 역 . 서울: 그리인. 1989.

Fuller, Daniel P. 『성경의 일관성』. 박경범 역 . 서울: 은성. 1994.

Grudem, Wayne A. 『조직신학(상)』. 노진준 역. 서울: 은성. 1997.

Halley, Henry H. 『성서핸드북』. 박양조 역. 서울: 기독교문사. 1997.

Kaiser Jr., Walter C.; Bruce, F.F; Brauch, Manfred T. and Davis,
Peter H. 『IVP 성경난제주석』. 김재영·김지찬·박규태·이철민 역. 서
　　울: 한국기독학생회출판부. 2017.

Kallas, James. 『공관복음서 기적의 의미』. 김득중·김영봉 역. 서
　　울: 대한기독교출판사. 1985.

Osborne, Grant R. 『마태복음 하』. 전광규·김진선 역. 서울: 성서
유니온선교회. 2005

Smart, James D. 『왜 성서가 교회 안에서 침묵을 지키는가?』. 김득
중 역. 서울: 컨콜디아사. 1995.

Sproul, R. C. 『기독교의 핵심진리 102가지』. 윤혜경 역. 서울: 생
명의 말씀사. 2014.

_____. 『언약』. 김태곤 역. 서울: 생명의 말씀사. 2013.

Stein, Robert H. 『예수님의 비유』. 명종남 역. 서울: 새순출판사. 1994.

Roland H. Bainton, 『기독교의 역사』, 이길상 역. 서울: 크리스챤
다이제스트, 1977.

Wenham, Gordon J. 『WBC 주석』. 박영호 역. 서울 : 솔로몬. 1987.